KB109487

올랭프 드 구주가 있었다

AINSI SOIT OLYMPE DE GOUGES
by Benoîte Groult

Cet ouvrage a bénéficié du soutien des Programmes d'aide à la publication de l'Institut français.

이 책은 프랑스문화진흥국의 출판 번역 지원 프로그램의 도움으로 출간되었습니다.

■ 이 도서의 국립중앙도서관 출판시도서목록(CIP)은
서지정보유통지원시스템 홈페이지(http://seoji.nl.go.kr)와
국가자료공동목록시스템(http://www.nl.go.kr/kolisnet)에서 이용하실 수 있습니다.
(CIP제어번호: CIP2014025926)

올랭프 드 구주가 있었다

브누아트 그루

백선희 옮김

마음산책

『올랭프 드 구주가 있었다』 독자 북펀드에 참여해주신 분들(가나다순)

강동구 강부원 강영미 강주한 강태영 김기남 김성기 김수민 김수영 김숙자 김시형 김인겸 김주현 김중기 김현승(A) 김현승(B) 김홍민 김희곤 나준영 노진석 라순현 문세은 박경진 박계연 박광호 박기자 박나윤 박무자 박혜미 송덕영 송정환 송주형 신정훈 신지선 신혜경 양민희 양지연 엄선옥 오인환 유지영 윤정훈 이만길 이수진 이수한 이하나 임길승 장경훈 장혜선 전미혜 정유정 조민희 조은수 주하윤 최경호 최영기 최하나 최헌영 탁안나 하상우 한성구 한승훈 함기령 허민선 허준호 허진민 현동우(외 38명, 총 104명 참여)

올랭프 드 구주가 있었다

1판 1쇄 인쇄 2014년 9월 10일
1판 1쇄 발행 2014년 9월 15일

지은이 | 브누아트 그루
옮긴이 | 백선희
펴낸이 | 정은숙
펴낸곳 | 마음산책

편집 | 이승학 · 최해경 · 박지영 디자인 | 이수연 · 이혜진
마케팅 | 권혁준 · 곽민혜 경영지원 | 이현경

등록 | 2000년 7월 28일(제13-653호)
주소 | (우 121-840) 서울시 마포구 잔다리로 3안길 20(서교동 395-114)
전화 | 대표 362-1452 편집 362-1451 팩스 | 362-1455
홈페이지 | http://www.maumsan.com
블로그 | maumsanchaek.blog.me
트위터 | http://twitter.com/maumsanchaek
페이스북 | http://www.facebook.com/maumsanchaek
전자우편 | maum@maumsan.com

ISBN 978-89-6090-202-2 03900

* 책값은 뒤표지에 있습니다.

"그녀는 우리 역사의 알려지지 않은 위대한 혁명가였다."

그녀의 선언은 일부 여성을 위한 일부 권리를 주장한 것이 아니라

모든 여성의 모든 권리를 주장한 것이었다.

연단과 단두대가 같은 곳이라는 것을 증명한 인간

정희진(서강대 여성학·평화학 강사)

탈식민주의자 올랭프 드 구주

서평이나 독후감의 '수준'은 텍스트의 힘이 셀까, 독자의 맥락에 더 무게가 실릴까. 어리석은 질문이지만 이 글에 한정한다면 전자다. 이 책 자체가 성별과 무관하게 읽는 사람을 감동, 말 그대로 '흔들고 이동'시키기 때문에 몇 구절만 인용해도 저절로 훌륭한 독후감이 될 것 같다.

1789년에 절정을 이루었던 프랑스혁명은 오늘날까지도 프랑스 그 자체가 되었다. 동시에 이 혁명은 모든 혁명에 동반되는 폭력과 모순의 모델이기도 하다. 시민혁명이되 시민에서 제외된 사람들, 혁명에 헌신했으나 처형당한 사람들의 역사는 숱하다. 나는 체 게바라보다 피델 카스트로를 좋아했었다. 그러나 카스트로는 쿠바혁명 후 함께 고생했던 게이 동지들을 배신하고 '혁명 국가는 아름다운 가족을 추구한다'는 이미지를 선전하기 위해 대대적인 게이 학살gay hunt을 자행했다.

지금은 혁명에 대한 여성주의적 재해석, "혁명은 일으키는 것이 아니라 눈앞에서 일어나고 있는 일을 인정하는 것"이라는 논의도 활발하지만, '혁명 이후 여성 문제'는 늘 역사적 주제였다. 여성은 언제나 '혁명 수혜'의 첫 번째 제외 대상이었다.

한계를 중심으로 사유할 때 더욱 본질에 다가가는 경우가 있다. 주체가 아니라 타자의 입장에서 사유하는 것이다. 프랑스혁명의 상징은 누구인가. 루이 16세, 로베스피에르, 나폴레옹……. 이들보다 올랭프 드 구주에 대해 생각한다면 우리는 혁명에서 더 복잡하고 다각적인 배움을 얻을 수 있다. 여성의 시각에서 보면, 혁명은 앙시앙 레짐(구체제)을 종식시키는 것이 아니라 그 연속, 혹은 새로운 앙시앙 레짐의 시작일 수 있다.

나는 개인적으로 시몬 드 보부아르를 좋아하지 않는다. 그녀는 자신이 여성이라는 사실이 불만인 페미니스트였고 제국주의의 평범한 시민이었다. 사르트르가 프란츠 파농을 지원하는 것을 매우 못마땅해했으며, 카뮈 '따위'에게 인정받기 위해 애썼다. 그녀는 완벽한 주류였고 남성보다 똑똑했다. 그러나 여성으로 태어났다는 사실은 그녀의 모든 것을 변화시켰다. 이 '억울한 심정'을 이해 못 하는 바 아니지만, 성별은 가장 본질적인 정치학이며, 때문에 그녀도 『제2의 성』을 남길 수 있었다.

여성이 단두대에 오를 권리가 있다면 연단에 오를 권리도 가져야 한다는 말은 유명하지만, 정작 올랭프 드 구주에 대해서는 알려진 바가 별로 없다. 먼저 미국 문화에 익숙한 우리 사회에서는 발음부터 어렵다. 나는 올랭프 드 구주의 정치의식과 여성주의가 인종차별에 대한 문제의식에서 시작되었다는 사실을 이 책을 읽고서야 알게 되었다. 이것은 충격에 가깝다. 2014년인 지금도 젠더, 계급, 인종 차별 간의 연대와 이해는 쉬운 정치가 아니다.

보부아르의 실존주의 페미니즘의 핵심은, 여성은 인간이 아니라 단지 '남자가 아닌 것'이며 따라서 남성의 부수적·잔여적 존재the others라는 현실이다. 여성은 타자다. 그러나 보부아르는 자신이 타자라는 사실에는 분노했지만, 흑인도 자신과 같은 처지라는 인식에는 다다르지 못했다. 아니, 비유 자체가 불쾌했을 것이다.

200여 년 전, 이미 올랭프 드 구주는 보부아르와 '수준'이 달랐다. 물론 출신도 삶도 죽음도 완전히 달랐다. 그녀는 머리칼을 잘렸고 이상을 지키기 위해 목숨을 내놓았다. 이 책은 올랭프 드 구주를 통해 오늘날 여성주의의 가장 첨예한 이슈인 '여성들 간의 차이'(여성이 여성을 억압하는 모순)를 생각하게 해준다. 남자들보다 훨씬 뛰어났지만 자신이 무시하는 남성 사회에서 인정받고 싶어했던 보부아르와 "서출 여자에다 문맹이고, 게다가 오크 지방 사투리까지 썼으며, 똑똑하고, 고분고분하지 않고, 신중하지 못했"지만 당당했던 올랭프 드 구주의 차이를 생각해보라.

무엇보다 그녀의 잘린 머리와 더불어 그녀의 사상—글, 연극 작품, 회고록, 정치적 선언서, 소설 들—도 사라질 위기에서, 두 세기 이후에나 출간되었다. 그러나 보부아르의 책, 시나리오, 소설, 연애편지는 한국에서도 넘친다.

연단과 단두대

모든 민주주의의 성격은 그 사회가 인지하는 인간(성원권)의 범주에 따라 달라진다. 인류 역사에서 여성이 인간에 포함된 적은 없다. '남성과 인권'이라는 말은 없지만 '여성과 인권'이라는 표현은 흔하다. 대학이나 엔지오에서 개설하는 강좌 제목도 '여성주의 시각에서 본 인권'이 아니라 '여성과 인권'이다.

그녀가 쓴 「여성과 여성 시민의 권리 선언」 제10조에 그 유명한 말이 있다. "근본적인 견해까지 포함해서 누구도 자신의 견해 때문에 위협을 받아서는 안 된다. 여성은 단두대에 오를 권리가 있다. 마찬가지로 그 의사 표현이 법이 규정한 공공질서를 흐리지 않는 한 연단에 오를 권리도 가져야 한다."

여성주의에 대한 가장 일반적인 오해는 여성들이 '단두대'에 오를 생각은 하지 않고 '연단'에만 오르려 한다는 무임승

차 의식에 관한 비난이다. 의무는 다하지 않고 권리만 주장한다는 것이다. 물론 이는 사실이 아니다. 올랭프 드 구주의 인식은 여전히 놀랍다. 그녀는 권리와 의무가 대립하는 개념이 아니라는 것을 알고 있었다. 권리와 의무는 동류항이다. 즉 권리와 의무는 시민에게만 있는 것이고, 그렇지 않은 사람에게는 둘 다 없다.

여성이 시민이 된다는 것은 남성과 평등해진다는 의미가 아니다. 여성이 인간이 된다는 것은 정치적 주체subject가 되어야 하는 것이지 '끼워달라' 하는 성질의 것이 아니다. 그런데 인간의 개념이 변화하지 않은 상태에서 끼어들기는, 여성이 공사 양 영역에서 노동하는 이중 역할을 의미한다. 또한 역설적으로 그 이중 노동 때문에 비난당한다. 사적 영역이라 불리는 곳에서의 여성의 노동을 이해하지 못하는 사회에서 '끼어들기'는, 의무는 하지 않고 권리만 행사하면서 남성의 보호를 요구하는 것처럼 들린다. 이는 남성의 피해의식(데이트 비용을 내지 않는다, 무거운 것은 들지 않는다, 군대에 가지 않는다 등)처럼, 이 책의 표현대로 있지도 않는 현실을 퍼뜨리는 데 성공하는 빌미를 제공한다.

여성이 인간이 되려면 남성 정치의 개입이 배제되어야 하지만, 주지하다시피 이는 거의 불가능에 가까운 일이다. 가족 제도 때문이다. 여성의 계급은 여성의 능력과 자원에 의해 결정되지 않는다. 남성 사회는 여성을 여러 가지 방식으로 구분

(차별)하지만, 그중 대표적인 것은 보호할 가치가 있는 여성과 그렇지 않은 여성이다. 그리고 이에 대한 결정권은 중산층 이성애 중심의 생물학적 핵가족만이 정상이라는 제도를 통해 여성을 소유한 남성이 정한다. 가족 밖의 여성은 섹슈얼리티를 의심받는다.

10대에 이미 출산했던 올랭프 드 구주 같은 여성은 연단에 오르려는 노력 자체 때문에 단두대로 향하게 된다. 그녀와 달리, 동시대의 여왕들은 아버지와 남편이 확실한 여성들이다. 이들이야말로 아무런 노력 없이 남성 사회의 지지로 연단에 오른다. 심지어 대통령이 된다. 왜 '미국에도 없는' 여성 대통령이 제3세계에 더 많겠는가. '미망인의 정치학' 때문이다. 독재자든 민주주의 지도자든 그들에게 변고가 생길 때 그들의 아내나 딸은 남성을 대리 재현하고, 성역할로 인해 생물학적 여성은 대통령이 된다. 이것은 여성도 대통령이 될 수 있다는 근대 민주주의의 실현이 아니라 신분 사회의 유산이다.

본질주의의 유혹을 넘어서

브누아트 그루가 쓴 서문은 첫 문장부터 독자를 긴장시킨다. 흥미로운 것은 이러한 현실이 너무나 일상인데도 사람들이 '여성 문제'를 이야기하면, 어떤 의미로든 심장박동이 빨라진다는 것이다. 나도 그러하였다. 기원전 5세기에 피타고라스는 이미 이렇게 썼다. "질서와 빛과 남자를 창조한 선한 원칙이 있다. 그리고 혼돈과 암흑과 여자를 창조한 악한 원칙이 있다." 우리의 모든 사전이 "고대 그리스의 가장 위대한 의사"라고 말하는 히포크라테스 또한 말했다. "여성은 천성이 습하고 흡수성이며 차가운 반면, 남성은 건조하고 따뜻하다. 여성의 배아는 남성의 배아보다 늦게 단단해지고 분화된다. 그 이유는 여성의 종자가 남성의 것보다 약하고 습하기 때문이다."

그러나 브누아트 그루의 말대로, 놀라운 것은 2500년 뒤에도 이 생각이 여전히 통용되고 있다는 점이다. 이뿐이겠는가. 나는 니체의 사유를 좋아하지만 니체의 여성 관련 발언은 그의 위대함에 비하면 여전히 믿기지 않는, 순진한 기대가 주는 슬픔이다. 모든 지식에서 인간의 모델은 남성이다. "해부학은 운명이다"라는 프로이트의 말은, 남성과 여성의 차이(성차별)는 "자연의 섭리"라는 주장의 근거로 오용된다.

우리는 대개 이러한 사고를 생물학적 본질주의라고 비판한다. 흑인은 인간과 동물의 중간이고, 여성은 인간과 자연 사이의 중간적 존재로 인간에 미달이며, 장애인은 기형이고, 노인은 죽음을 기다리는 사람 등등 젊은 백인 남성 중산층 이성애자가 인간의 기준으로 간주되는 이상, 그 외 모든 인간은 인간이 아니라 인간 근처에서 서성이는 이방인이기 때문에 억압이 당연시되거나 인간이 되려는 피나는 노력을 해야 한다.

그러나 이러한 사고와 동전의 양면인 또 다른 형태의 본질주의가 있다. 예를 들어 나는 성폭력·가정폭력 가해자 상담을 20여 년 동안 해왔는데 그러다 보니 나도 모르게 '남자는 다 똑같아, 그들은 변하지 않아'라는 생각을 하게 된다. 올랭프 드 구주가 겪었던 일들, 탈북 여성이 호소하는 북한 남자의 경험, 미국 기혼 남성들에 대한 연구, 우리 사회의 진보와 보수를 초월한 남성 연대를 보면, 남성이라는 종種에 대한 어떤 '신앙dogma'에 사로잡히게 된다.

물론 이것은 푸념일 뿐이다. 이론적으로는 당연히 그렇지 않다. 젠더는 근본적으로 차이에 대한 철학이다. 남녀의 차이는, 남성과 남성의 차이나 여성과 여성의 차이에 비하면 매우 '사소한' 것이다. 그 차이를 본질적 차이로 극대화한 것이 가부장제다. 인간의 차이는 모두 개인적인 차이일 뿐이다. 본질적인 차이는 없다. 모든 차이는 계급, 인종, 젠더, 연령, 성 정체성 등의 권력에 의해 만들어진 것이다. 그리고 차이는 상호 횡단, 복잡하게 교직하기 때문에 우리는 역사와 사회를 배워야 한다.

그러나 이 책이 보여주는 올랭프 드 구주의 삶은 여전히 1700년대의 프랑스와 2014년의 한국의 차이 혹은 지금 지구를 살아가는 여성의 차이가 무엇인가를 새삼 질문하게 한다. 그녀가 역사이며 영원히 기억되어야 할 이유다. 올랭프 드 구주는 제대로 평가되지 않았다.

그녀의 삶은 마치 버지니아 울프와 안드레아 드워킨, 시몬

베이유, 클라라 제트킨, 풀란 데비의 지성과 용기, 정의감을 합해놓은 것 같다. 우리는 이런 사람을 위인이라고 부른다. 플로렌스 나이팅게일, 헬렌 켈러(두 사람 모두 페미니스트였다)처럼 위인전이 나오기를 기대한다.

주디스 버틀러와 가야트리 스피박은 지금 살아 있는 동시대 사람으로, 페미니즘 사상사에 한 획을 그은 인물들이다. 버틀러는 성별이라는 정체성의 고정성을 경계했고, 스피박은 남성과 여성이라는 범주는 너무나 오래된 역사이기 때문에 쉽게 흐려지지 않으며 '여성'이라는 집단은 일시적으로 유지될 필요가 있다는 '전략적 본질주의'를 주장한 바 있다. 이론과 전략은 다르다는 것이다. 여성은 존재가 아니라 행위라는 버틀러의 주장도 수행(행위) 가능성을 확장시킨다면, 전략적 본질주의와 만날 수 있을 것이다.

역사적 모델이자 하나의 사상이 되어야 할 올랭프 드 구주

올랭프 드 구주의 시대는 야만적으로 보인다. 그러나 그것이 지금의 진보로 인식되어서는 곤란하다. 그녀와 우리의 '차이'는 '진보했다/변함이 없다'는 논의보다 어떤 여성의 어떤 삶의 측면을 재현하는가에 달려 있다고 생각한다. 올랭프 드 구주는 특정 시대 여성의 목소리를 대변했지만, 이제 가시화 문제에서 분석과 평가의 과제로 전환되어야 한다. 어떤 여성의 삶에 렌즈를 들이대는가에 따라 여성의 지위는 천차만별로 인식될 수 있다.

올랭프 드 구주는 인권 연구 분야에서 한 번쯤 언급되는데, 주로 '여성의 참여 그러나 좌절'이라는 식의 화석화한 해석이 주를 이룬다. 남성 사회에서 성별 연구는 여성의 경험, 위치, 행위성보다 자신들이 주도하는 정치적 전선에 참여(동원)했는지 여부를 강조하기 때문이다. 이 책은 올랭프 드 구주의 발굴과 '선구자/희생자' 담론을 넘어서, 역사가 성별의 개입으로 인해 얼마나 전복적일 수 있는지 새로운 이론의 근거가 되는 모델인 동시에 역사를 바꾼 사상으로 읽어야 한다. 수많은 올랭프 드 구주가 쏟아져 나와야 한다. 이 책은 그 입구다.

차례

■ 일러두기

1 이 책은 브누아트 그루가 서문을 쓰고 올랭프 드 구주의 정치적 글들을 발췌해 엮었다. 정치적 글들의 제목 장에 실린 설명들은 모두 저자의 것이며 순서 또한 원서를 따랐다.
2 외국 인명, 지명, 작품명 및 독음은 외래어표기법을 따르되, 관용적인 표기와 동떨어진 경우 절충하여 실용적 표기를 따랐다.
3 원서의 주는 각주로 처리하였고, 옮긴이 주는 글줄 상단에 맞추어 작게 표기하였다. 본문에 소괄호로 처리한 내용은 모두 원서의 것이다.
4 잡지와 신문 등의 매체명은 〈 〉로, 책 제목과 희곡 작품명은 『 』로, 단편과 게시물, 팸플릿, 소책자 등은 「 」로 표기했다.
5 고딕체가 쓰인 부분은 원서에서 이탤릭체로 강조한 부분이다.

최초의 근대적 페미니스트
올랭프 드 구주

여성으로 태어나 제 나라 역사에 이름을 남기려면 어디까지 가야 할까? 팡테옹프랑스 역사에 이름을 남긴 영웅과 위인들의 유해를 모신 곳에 들어가려면? 생각의 진보를 체현하고 재능을 구현하려면, 그리고 동족과 후대의 인정을 받으려면? 어떤 대담한 행위도, 어떤 무훈도, 어떤 웅변이나 문학적 재능도, 어떤 관대하고 새로운 생각도 조국의 인정을 받아 프랑스 역사 속에 들어가는 데 충분하지 않은 것 같다.

그러나 우리는 고대 적부터 들어왔다. 기원전 5세기에 피타고라스가 이미 이렇게 쓰지 않았는가. "질서와 빛과 남자를 창조한 선한 원칙이 있다. 그리고 혼돈과 암흑과 여자를 창조한 악한 원칙이 있다"라고.

"여성은 천성이 습하고 흡수성이며 차가운 반면, 남성은 건조하고 따뜻하다. 여성의 배아는 남성의 배아보다 늦게 단단해지고 분화된다. 그 이유는 여성의 종자가 남성의 것보다 약하고 습하기 때문이다." 우리의 모든 사전이 "고대 그리스의 가장 위대한 의사"라고 말하는 히포크라테스가 이렇게 평가했다.

그러나 무엇보다 놀라운 것은 2500년 뒤에도 이 일반화된 생각이 여전히 통용되고 있다는 점이다!

"여성과 남성의 관계는 아프리카인과 유럽인의 관계와 같다"고 1875년 인류학자 폴 토피나르가 단호히 선언했고, 귀스타브 르봉1841~1931, 프랑스의 사회심리학자이자 사상가이 그 뒤를 이어받아 말했다. "남자들의 평균을 웃도는 여자들이 존재한다는 걸 부인할 수는 없겠지만 그건 괴물의 탄생만큼이나 예외적인 경우다."

한 세기가 지나서도 극작가이자 아카데미 프랑세즈 회원인 에르네스트 르구베가 한 말은 눈곱만치도 달라지지 않았다. "안심하세요. 저는 여자 국회의원을 원치 않습니다! 저는 여자 의사가 혐오스럽고, 여자 공증인은 가소롭고, 여자 변호사라면 끔찍합니다. 여자의 으뜸이자 궁극적인 임무는 아이를 낳아 먹이고 기르는 겁니다." 익히 알려진 이 후렴은 수 세기를 건너온 것이다!

여성해방에 대한 남성들의 기계적인 반대를 분석한 최초의 여성 가운데 한 사람이 버지니아 울프였다. 그녀는 이렇게 썼다. “여성해방에 남성이 반대해온 역사가 이 해방의 역사보다 더 말해주는 바가 많다.” 실제로 시민이 되게 해달라는 여성의 요구에 귀를 기울인 남성 사상가나 정치인은 드물다. 프랑스혁명 때 권리의 평등을 정치체제의 유일한 토대로 주장한 남성은 거의 콩도르세1743~1794, 프랑스의 철학자이자 정치가 한 명뿐이었다. “왜 임신과 일시적인 월경에 노출된 존재들은 겨울마다 콧물을 흘리거나 쉽게 감기에 걸리는 사람들한테서는 박탈할 상상을 결코 한 적 없는 권리를 행사하지 못할까?”

그 후 콩도르세는 로베스피에르의 명으로 감옥에 갇히자 곧 잊혔고, 자살함으로써 단두대를 면했다. 반면에 탈레랑1754~1838, 프랑스의 정치가은 대중 여론의 편에 섬으로써 온갖 체제를 겪고도 살아남았다. “여자들의 행복은 정치적 권리나 직무의 행사를 바라지 않는다는 조건에서만 존재한다.” 이런 말에 누구도 충격받지 않았다!

그리고 뒤이어 일어난 일들을 우리는 안다. 몇 년 뒤 여성 혐오의 진정한 걸작인 나폴레옹 민법에 여성의 종속성과 열등성이 정식으로 등록된다. 1789년 혁명의 시나리오가 1848년에 재현된다. 그리고 제2제정은 여성 자립의 희미한 흔적마저 깡그리 질식시킨다. 국민공회1792.9~1795.10, 프랑스 제1공화정 선포와 더불어 시작된 혁명 최종 단계의 의회가 “어린아이, 정신이상자, 여성, 명예형의 유죄 선고를 받은 자들”은 시민으로 간주하지 않는다는 주장을 이미 퍼뜨려놓아 1848년 4월에는 여성들의 국회 발언을 금지하고 정치를 논한 여성들은 "정치적 범죄"로 단죄하게 해주었다. 그 결과 "이 낯선 존재 여성"은 우리 역사에 커다란 부재로 남을 수밖에 없었다. 유럽에서 유일한 살리카 법전이 프랑스 왕좌 계승에서 여성을 배제했기 때문에 여자들은 그네들의 아들이 미성년자일 동안만 섭정攝政이 될 수 있었다. 결국 프랑스 역사에는 러시아의 예카테리나 여왕이나 빅토리아 여왕, 스웨덴의 크리스티나 여왕에 비견할 만한 역할을 한 위대한 인물이 한 사람도 없었다!

성녀거나 여왕이거나 총애받는 애첩이거나 화류계 여자거나, 아니면 사회면 기사나 유명한 사기극의 여주인공이 아닌 이상 전기 작가들은 여성을 거들떠보지 않았다.■ 여성들의 영웅적 행위나 지성, 재능이 아무리 탁월해도 역사책이나 교과서에는 적절한 분량으로 축소되거나 아니면 완전히 지워졌다. 지나치게 체제 전복적인 태도를 보였거나 잘못을 저지르고도 고집을 부린 여자들은 화형장이나 도형장 또는 단두대나 정신병원으로 보내졌다. 자신들에게 지정된 전통적인 자리에서 벗어나 공적 역할을 해보려고 시도한 모든 여성들은 대부분의 경우 영예도 얻지 못했고, 동료들의 인정도 받지 못했다.

■ 올랭프 드 구주에게 할애된 첫 번째 전기는 올리비에 블랑이 쓴 것으로, 1981년 시로 출판사에서 출간되었다.

이 여성들이 우리 기억에서 사라지고, 그들이 우리의 사전에 하나의 성姓으로 심지어 하나의 이름으로 축소돼버린 건 그네들의 중요도가 하찮아서가 아니라 오직 여자라는 사실 때문이었다.

이 반항녀들, 이 괴짜들 또는 이 예술가들이 정숙한 여자들에게 나쁜 본보기를 제공하고, 미래 세대의 어린 여자들에게 모범이 될 위험이 없도록 역사가들, 연대기 작가들, 철학자들은 아주 확실한 방법을 사용했다. 그들을 역사의 지하 감옥에 집어넣고 우리의 집단 기억에서 지워버렸던 것이다.

질식당한 이 운명들, 침묵으로 축소된 이 목소리들, 알려지지 않은 또는 죽은 채 태어난 이 모험들, 낙태당한 이 재능들이 마침내 오늘날 어둠 속에서 다시 떠오르기 시작했다. 그 여주인공들이 영광의 팡테옹에 자리 잡기 시작했다. 그들 가운데 누구보다 여성들의 인정을 받을 자격이 충분하나 누구보다 망각된 이가 올랭프 드 구주다.

왜냐하면 그녀가 프랑스에서 1791년 모든 차원에서 양성평등 원칙을 제시한 '여성 권리 선언'을 작성한 인물이기 때문이다.

왜냐하면 그녀가 '~주의(이즘)'라는 말이 존재하기도 한참 전에 성차별주의가 인종차별주의의 한 변종임을 이해하고, 여성 박해와 흑인 노예제도에 동시에 맞서 일어선 최초의 '페미니스트'였기 때문이다.

왜냐하면 그녀가 용감하게도 성적 자유를 포함한 모든 자유를 주장했기 때문이다. 이혼과 동거에 대한 권리를 주장했고, 가부장권을 동시에 공격하지 않으면 시민권 정복도 한낱 미끼에 불과하다는 걸 깨닫고 미혼모와 사생아의 권리를 옹호했기 때문이다.

마지막으로, 그녀가 이상理想을 지키기 위해 목숨을 내놓았기 때문이다.

1793년 그녀의 머리를 자른 공포정치의 혁명가들은 상징적인 행위를 한 것이다. 그녀의 잘린 머리와 더불어 여성해방운동 이념들, 종종 예언적인 성격을 띠었던 그녀의 이상들도 함께 땅에 떨어져 다른 사람들의 것처럼 전가되고, 수많은 그녀의 글과 연극 작품, 회고록, 정치 선언문, 소설 들은 도서관의 지옥에 묻히거나 파괴되어 두 세기 동안 누구도 출간할 생각을 하지 못하게 된다.

모니크 피에트르■가 고안해낸 문구에 따르면 18세기 말의 많은 여성들이 "부채질을 하다가 단두대에 올랐"지만 올랭프 드 구주처럼 통찰력과 열정을 모두 갖추고 자기 원칙에서 결코 물러서지 않은 사람은 거의 없었다.

소설 같은 삶을 살았고 대담한 정치적 행동을 했으며 시대를 대단히 앞선 생각을 했지만 그녀는 역사 교과서에 기껏해야 한두 줄 정도 언급될 권리밖에 갖지 못했고, 그녀의 죽음

■ 『시대를 통해 본 여성의 조건』, 프랑스 앙피르 출판사, 1975.

에 바쳐진 추도사는 조소나 악의 어린 몇 마디로 축소되었다. 이 "무모한 여자", 이 "정신 불안정한 여자", 이 "용감한 미치광이"■, 이 "화류계 여자"■■, 이 "남프랑스의 보바리"■■■, 이 "정신 나간 주정뱅이", 이 "부도덕한 괴물"은 결국 조국의 역사 속에서 어떤 역할을 하겠다고 나섰던 모든 여성 히스테리 환자들에게 주어진 운명을 살 수밖에 없었다.

그런데 온갖 전통적인 여성 혐오의 환상들을 한 몸에 구현한 올랭프 드 구주는 실제로 어떤 사람이었을까? 클로드 망스롱은 거침없이 말한다. "그녀는 우리 역사의 알려지지 않은 위대한 혁명가였다."

어쩌면 그녀의 눈부신 예명이 그녀를 완전한 망각에서 빠져나올 수 있게 하는 데 기여했는지도 모른다. 이를테면 혁명적 공화주의자 협회의 일원이었으며 단두대를 겨우 모면한 클레르 라콩브1765~1798?, 프랑스 여배우이자 페미니스트 혁명가나, 미슐레1798~1874, 프랑스의 역사가가 "고상한 네덜란드 여자"라는 별명을 붙였던 에타 팜 더엘더스1743~1799, 프랑스혁명에 뛰어든 네덜란드 페미니스트 같은 이름은 상상력을 덜 자극한다. 더구나 올랭프 드 구주라는 예명은 그녀의 첫 문학적 창작물이기도 했다. 그녀가 1748년에 공식적으로는 몽토방Montauban의 푸줏간 주인인 피

■ 에드몽과 쥘 드 공쿠르, 『일기』.

■■ 1908년 일간지 〈질 블라스〉를 참조할 것.

■■■ 장 라보, 『프랑스 페미니즘의 역사』, 스톡, 1977.

에르 구즈와 그의 아내 안 올랭프 무이세의 딸로 아주 소박하게 마리 구즈Marie Gouze라는 이름을 갖고 태어났기 때문이다. 하지만 사실은 문인인 르 프랑 드 퐁피냥 후작의 혼외 딸이었다.

그녀의 소설 같은 출생, 교육이라곤 받지 못한 가난한 유년기, 고달팠던 청춘기에 대해 우리는 그녀가 훗날 출간하게 될 자전적 소설 『드 발몽 부인의 회고록Mémoire de Mme Valmont』 덕에 안다.

그녀는 이렇게 쓰고 있다.

> 나의 출생은 참으로 기이해서 떨리는 마음으로 대중 앞에 고백한다. (…) 나는 역사적 사건들이 운명을 바꿔놓은, 부유하고 존경받을 만한 가문 출신이다. 나의 어머니는 하늘이 자식을 여럿 허락해준 드 플로쿠르 후작과 대단히 친분이 두터운 변호사의 딸이었다. (…) 후작의 큰아들인 장 자크는 나의 어머니를 무심하게 보지 않았다. 나이와 취향이 둘 사이에 호감을 형성했고, 그 감정은 곧 위험하게 발전했다. 그의 부모와 내 어머니의 부모는 두 사람의 열정을 알아차리고서 당장 갈라놓을 방법을 찾아냈다. (…) 나의 어머니는 결혼했다. 장 자크는 파리로 보내졌고, 그곳에서 극작가로 활동을 시작했다. (…) 고향으로 돌아온 그는 자신이 예전에 사랑했으며 여전히 홀려 있는, 결혼해서 이미 여러 명의 자식을 둔 여자를 다시 만났다. 내가 진실을 전하면서 수줍음과 선

입견과 법을 해치지 않으려면 어떤 표현을 사용할 수 있을까? 마치 부름이라도 받은 것처럼 그가 돌아온 바로 그날 나는 세상에 태어났고, 온 마을 사람이 내 출생을 그가 나눈 사랑의 결과라고 생각했다. 장 자크는 체면을 포기하고 사람들 앞에서 나를 딸이라 부를 정도로 내게 애정을 보였다. 실제로 진실을 감추기란 어려웠을 것이다. 놀랄 정도로 닮은 모습이 너무도 명백한 증거였다. 그는 내 어머니에게서 아버지로서 나를 돌볼 수 있게 해달라는 허락을 얻어내려고 온갖 수단을 사용했다. 그렇게 되었더라면 아마도 나는 제대로 교육을 받았을 것이다. 하지만 어머니는 이 제안을 매번 거절했고, 이것이 두 사람 사이에 언쟁을 야기했으며, 나는 그 희생자였다.

그가 자신의 영지로 떠났을 때 나는 겨우 여섯 살이었다. 그곳에서 그는 웬 금융업자의 미망인과 결혼했다. 이 결혼으로 비롯한 괴로움 속에서 나의 아버지는 나를 잊었다.

그녀가 말하는 이 아버지는 법관이었고 그 시절 어느 정도 이름이 난 작가였는데, 그녀는 그가 "불후의 재능"을 가진 것처럼 과대평가했다(그녀는 언제나 그를 우상화했다). 장 자크 르프랑 드 퐁피냥은 독실하고 강직했으며, 특권의 수호자여서 볼테르가 좋아하는 놀림감이었다. 틀림없이 그의 영광을 보증해줄 증서 같은 인물이었다!

몽토방에서 식사관리인이었다가 연회용 파견 요리사가 된

루이 이브 오브리와 열여섯 살에 결혼한 그녀는 자신의 회고록에서 남편을 "부자도 아니며 집안도 좋지 않고 그녀가 조금도 사랑하지 않은 나이 많은 남자"라고 말한다. 열일곱 살에 아들 하나를 둔 엄마가 된 그녀는 몇 달 뒤 과부가 되면서 안도감 속에 자유를 되찾았고, 그 후 결코 이 자유를 잃지 않았다. 그럼에도 그녀는 부자였던 독신자 자크 비에트릭스 드 로지에르에게 오래도록 열정을 불러일으켰고, 그는 곧 그녀를 그녀의 아들과 함께 파리로 데려갔다. 그러나 그녀는 교육도 받지 못했고 재산도 없었지만 그와 결혼함으로써 자신의 안전을 보장받는 건 거부했다. 그녀가 여성에 부과되는 계율을 어긴 첫 번째 위반이었다! 생시몽주의공상적 사회주의자들보다 50년 전에, 시몬 드 보부아르보다 150년 전에 그녀는 "신뢰와 사랑의 무덤"인 결혼을 거부했고, 그녀가 "자연적 이끌림"이라고 부른 것에 호감을 표명했다.

그 시절엔 그녀처럼 젊고 예쁘고 야심 많은 여자에게 결혼이나 매춘 이외의 다른 선택이란 존재하지 않았다. 결혼을 거부한 올랭프 드 구주에게 당시 연대기 작가들은 몸 파는 여자라는 평판을 서둘러 들씌웠고, 파리에서 동시대를 사는 시민들 마음에 쏙 드는 배려를 하기로 유명한 화류계 여자로밖에 볼 수 없다는 척했다.

그녀가 관습을 거스른 두 번째 위반은 오브리 부인이라 불리길 거부한 것이다. 이 이름이 나쁜 기억을 떠올렸기에 그녀는 다른 이름을 짓기로 결심한다. 그리고 그녀 어머니의 이름 가운데 하나인 올랭프를 택한다. "어딘지 천상적인 데가 있다고 생각한" 것이다. 그리고 거기다 성인 '구즈Gouze'를 '구주Gouges'로 살짝 변형해 덧붙인다. 어쨌든 그녀는 철자법을 몰랐다. 읽는 법도 쓰는 법도 배우지 못했기 때문이다. 실제로 그녀의 결혼계약서를 보면 그녀가 겨우 서명 정도만 할 줄 안다는 걸 알 수 있다. 이건 놀랄 일이 아니다. 이 시대 여성들 대부분이 사실상 문맹이었으니까.

기이하게도 그녀가 귀족의 성 앞에 붙는 소사 드de를 선택했다는 점은 다른 여성 혁명가 안 조제프 테르바뉴, 통칭 테루아뉴 드 메리쿠르1762~1817와 비교된다. 이 비교는 여기서 그치지 않는다. 두 사람 모두 비극적인 최후를 맞이하고 사상 때문에 죽게 될 것이기 때문이다. 올랭프 드 구주는 단두대에서, 테루아뉴 드 메리쿠르는 대중 앞에서 볼기를 얻어맞은 뒤로 마지막까지 실성한 채 살페트리에르 정신병원에서 죽는다. 둘 모두 "혁명기 남성들의(콩도르세만 예외였다) 여성 혐오와 여성들의 전투적인 활동 앞에서 그들이 보인 본능적인 두려움을 증언"했다.■

파리에서 그녀는 소외가 무엇인지, 오늘날 같으면 한계상황이라 불렀을 것이 무엇인지 아주 빨리 터득했다. 인정받

■ 마이테 알비스튀르와 다니엘 아르모가트가 쓴 탁월한 저서 『중세부터 오늘날까지 프랑스 페미니즘의 역사』(에디시옹 데 팜, 1977)를 참조할 것.

지 못하는 서출 여자에다 문맹이고, 게다가 오크 지방 사투리까지 썼으며, 똑똑하고, 고분고분하지 않고, 신중하지 못했으니…… 그 시대 여론의 빈축을 살 자격이 차고 넘쳤다.

그러나 기이하게도 서출이라는 점은 그녀에게 결코 무거운 짐이 되지 않았다. 비록 아버지가 인정하지 않았지만 문인의 딸이라는 사실에 자부심을 느꼈고, 대단히 신중하게도 1784년 르 프랑 드 퐁피냥이 죽을 때까지 기다렸다가 회고록을 출간했으며 그녀의 아버지가 당대의 흔한 위선적 태도로 회피한 친자 관계를 대중 앞에 주장했다.

부인, 당신의 편지가 과거에 대한 나의 불안과 고통을 일깨웠습니다. (…) 세월이, 나의 나약함이, 종교가 너무도 죄 많은 젊은 날의 오류들을 떠올리게 만드는 대상을 내 눈에서 멀어지게 했습니다. 내게는 참으로 불행한 일이지만 당신이 내게 낯설지 않다는 건 굳이 애쓰지 않아도 알겠습니다. 그러나 내게 아버지의 자격을 주장할 권리가 당신에겐 전혀 없습니다. 당신은 결혼 서약 아래 합법적인 자식으로 태어났습니다. 본능이 당신 내면에서 말을 하고, 어릴 적 당신을 내가 경솔하게도 쓰다듬었던 일과 당신 어머니의 고백이 내가 당신의 아버지라는 사실을 보증해주는 게 사실일지라도 당신을 존재하게 만든 사람들의 운명에 나처럼 한탄하세요. 당신이 진실하게 기도한다면 신께서는 당신을 버리시지 않을 겁니다.

이 선량한 조언을 마음에 새기고 어린 마리 구즈는 홀로 파리 생활에 뛰어든다. 그림Grimm의 『서간집』에 따르면 "예쁜 얼굴이 그녀의 유일한 자산이었다." 마리 라퐁은 『1789년의 니농』니농 드 랑클로는 재색을 겸비한 고급 창부로 17세기 사교계를 풍미했던 살롱계의 여왕에서 그녀가 "남프랑스의 아름다움을 화려하게 구현한 완벽한 이상형"이라고 쓰고 있다. "생각의 불꽃과 열정의 불꽃이 전기 스파크를 일으키는 눈. 레이스 달린 작은 모자 아래로 곱슬곱슬 풍성하게 흘러내리는 멋들어진 검은 머리채. 그리스 여인 같은 옆얼굴과 감탄스러운 곡선을 그리는 몸매."

더구나 1784년이라 명시된 채 카르나발레 박물관에 보관되어 있는 마리 올랭프 오브리 드 구주의 초상화도 있다.

그녀의 수많은 적 가운데 한 사람인 배우 플뢰리는 "그녀의 가슴 위로 어떤 속된 경박함도 드러나는 걸 보지 못한다는 것"에 한탄했으며 "참으로 수수해서 눈에 띄는 가슴"이라고 말했다. 그럼에도 그는 그녀가 "가슴에 속임수를 부리지 않았으며, 옷매무새에 신경 쓰는 걸 감추지 않았다"는 걸 인정했다. 하지만 그녀의 머리모양은 그다지 얌전하지 않다고 비난했다.

"왜 그녀의 머리 위에서 베일이 제멋대로 펄럭이고 있어 꼭 면도용 비누 거품을 머리에 뒤집어쓴 여자 같아 보이는지 알고 싶은가? 그건 그녀가 피의 흐름을 조금도 구속하지 않고 그 중추에 자리한 생각을 가로막고 싶어하지 않았기 때문이다!"

그녀가 유명해진 게 미모 때문이라는 사실은 곳곳에서 읽을 수 있다. 실제로 『위인 소사전』이 "화류계 여성"으로 알려진 그녀의 명성을 언급했는가 하면, 레티프 들 라 브르통은 부당하게도 그녀를 자신의 "파리의 창녀 명부"에 넣었고, 그녀의 전기 작가 샤를 몽슬레는 그녀에게 "정신 나간 주정뱅이"의 변덕을 갖다 붙였지만 그녀는 이 시대의 터무니없는 소문에 결코 소재를 제공하지 않았으며, 실제 명성은 오히려 그녀가 교육의 공백을 조금 메워보려는 희망을 품고 문인과 철학자 들을 만나던 시절에 생겨난 것이다. 이 칭찬할 만한 야심은 동시대인의 호평을 받지 못했다. 그들은 화류계 여성이라면 기꺼이 받아들였지만 "그녀의 지적 포부"는 무례한 것으로 여겼다. 「자칭 박식한 여자에게 보내는 시」에서 그녀의 친구라고 자칭하는 변호사 뒤베리에는 몇 세기 전부터 여성의 무지를 정당화하는 데 사용되어온 오래된 논거를 내세워 그녀를 모든 문화에서 배제했다.

> 모든 것에 미쳐, 무엇보다 사랑에 미쳐
> 무용, 그림, 조각, 시, 음악,
> 오페라, 정치를 논하느라
> 어리석은 아이글레는 하루하루를 탕진한다.
> 박식해지려는 강박증을 혐오하라.
> 하늘이 그저 예쁘라고 그대를 만들었으니.

하지만 올랭프 드 구주는 이미 비판 따윈 아랑곳하지 않았으며, 태동하는 혁명 이념과 문학 활동에 열정을 보이기 시작했다. 그녀는 정치판을 드나들고 "가문 좋은 사람들"을 만나고 다녔는데, 그중엔 루이 16세의 사촌이자 장차 필리프 에갈리테평등한 필리프가 될 인물도 있었다. 그녀는 훗날 그에게 첫 작품 두 권을 헌정한다.

그녀의 애인으로 추정되는 인물들의 명부를 만드는 건 거북스럽고 도움도 안 되는 일이 될 것이다. 올랭프 드 구주 자신도 이렇게 말했다.

> 몰지각한 사람들이 내게 애인이 여럿 있었다고 사방에 말을 퍼뜨리고 있다! 물론 이것이 새롭고 아주 중대한 얘기인 건 사실이다. (…) 열여섯 살에 과부가 되고(벌써부터 올랭프 드 구주는 자기 나이를 낮추고 있다!) 나 자신의 주인이 되었으니 내가 다른 어느 여자보다 노출되어 있었다는 사실도 덧붙여야 할 것이다.

사람들은 그녀의 미모가 "난교로 시들었기" 때문에 그녀가 문학 쪽으로 돌아섰다고(여성일 경우엔 "재주에 빠진다"라는 표현을 썼다) 주장했다. 1780년경 그녀가 글을 쓰기 시작했을 때 겨우 서른두 살이었다는 사실을 기억하자. 매력을 잃기에는 아직 이른 나이였다!

"화류계 여자에서 여류 문인으로의 변신은 어떻게 이루어졌을까?" 그녀의 전기 작가 가운데 한 사람인 에두아르 포레스티에는 1901년에 의문을 품었고, 이렇게 설명했다. "여성은 극도로 쉽게 동화되며, 역사에서 이와 유사한 변신의 예를 많이 찾아볼 수 있다."

샤를 몽슬레도 여성에게 적성이라는 게 있을 가능성을 믿지 않았다. "그녀의 영향력은 그녀의 미모와 매력과 교태가 지속된 만큼만 유지되었다. 이 모든 것이 더는 남지 않게 되었을 때, 다시 말해 30대로 접어들기 시작하자 올랭프 드 구주는 요란한 삶을 연장하기 위해 무얼 할지 생각했다. 그때 문학의 악마가 형형색색의 유혹적인 모습으로 그녀 앞에 나타났고, 그녀는 이 시대의 사포그리스 여성 시인가 되려고 시도했다. 분첩과 애교점을 담는 통처럼 수사법을 사용하고 책 한 권이 주름살 하나를 없애줄 거라고 생각하는 적성 없는 여자들이 범하는 한심한 오류였다."

그러나 올랭프 드 구주의 변신은 쉽지 않았다. 그녀에겐 불리한 조건이 여럿 있었다. 무엇보다 그녀가 존경한 아버지가 반대했다. 훗날 그녀가 출간하게 될 서간집에서 그녀의 결심을 꺾으려고 애쓴 아버지는 이 시대의 편견과 여성 혐오를 완벽하게 반영하는 인물이었다.

> 이 문제에 대해 내가 합리적일 거라 기대하지 마시오. (…) 당신네 성별 사람들이 자기 작품 속에서 일관성 있고 심오해진다면,

> 지금도 이렇게 피상적이고 가벼운 우리 남자들은 어떻게 되겠습니까? 우리가 그토록 뻐겨온 우월의식과는 작별해야겠지요. 부인들이 우리를 호령할 테니까요. (…) 이 혁명은 위험해질 겁니다. 따라서 나는 부인들이 박사 모자도 쓰지 않고 글에서도 경박함을 유지하기를 바랄 수밖에 없습니다. 그네들이 상식만 갖지 않는다면 사랑스러울 겁니다. 몰리에르의 여학자들은 우스꽝스러운 본보기입니다. 오늘날 그들의 발자취를 따르는 여자들은 사회의 재앙입니다. (…) 여자들이 글은 쓸 수 있겠지만 세상의 행복을 위해 어떤 포부를 갖고 거기에 몰두하는 건 금지된 일입니다.

두 번째 불리한 조건은 글 쓰는 것이 힘들었던 그녀가 비서들에게 받아쓰게 할 수밖에 없었다는 점이다. 비서들은 그럭저럭 충실하게 받아 적었다. 이 때문에 사람들이 비난한, 오크어가 간간이 섞여 있는 구어체가 생겨난 것이다. 구술 문화에 속한 그녀에게 프랑스어는 제2의 언어였을 뿐이다. 남프랑스 특유의 달변은 끊임없는 여담과 과장되고 감상적인 어조로 이끌었다. 더구나 이 어조는 그 시대 웅변가들이 즐겨 사용하던 것이었으며, 그녀가 쓰기로 마음먹은 극작품보다는 심금을 울리는 애국적인 호소문에 더 적합한 것이었다. 그녀는 극작품을 서른 편 이상 쓰지만 그중 많은 작품이 분실되었고, 여러 편이 코메디 프랑세즈프랑스 국립극장와 다른 극장들에서 공연되었다.

사람들은 그녀가 자기 작품을 직접 쓰지 않았다고 종종 비난했고, 그럴 때마다 그녀는 이 공격들에—다른 공격들에도 마찬가지로—유머를 섞어 격렬히 자기방어를 했다.

합승마차에서 만난 웬 여행객이 자신이 구주 부인의 총애를 받았으며 그녀의 작품 하나를 써주었고, 그녀의 작품이라고 사람들이 믿도록 부정확한 표현들을 일부러 집어넣었다고 떠들어대자 그녀는 이렇게 멋들어지게 대답하고 마차에서 내렸다.

신사 양반, 저는 당신의 터무니없는 말을 철학자의 침착함과 남자의 용기와 관찰자의 눈을 갖고 들었습니다. 제가 바로 당신이 안 적이 없고 알 일도 없을 바로 그 올랭프 드 구주입니다. 제가 드리는 교훈을 새겨들으세요. 당신 같은 부류의 남자라면 흔하게 널렸지만 저처럼 강인한 여자들을 만드는 데는 수 세기가 필요하다는 걸 아십시오.

자부심과 천진함이 섞인 태도로 자신의 문제를 인정한 그녀는 한 작품의 서문에서 대중에게 용서를 구한다.

가볍지 않은 나의 모든 오류들에 대해 너그러운 용서를 구해야 하겠다. 프랑스어 오류, 구문 오류, 문체 오류, 지식의 오류. 관심의 오류, 정신의 오류, 재능의 오류. (…) 사실 나는 배운 게 아무것도 없다. 잘못된 프랑스어를 구사하는 곳에서 자란 나는 문법규칙들을 알지 못하며, 아는 게 전혀 없다. 나는 나의 무지를 과시하며 정신이 아니라 영혼으로 구술한다.

그러곤 천진하게도 이런 말로 마무리 짓는다.

재능에 대한 천부적 인장은 나의 작품들 속에 있다.

세 번째 불리한 조건은 그녀가 추천하기 쉽지 않은 주제들에 열광하는 잘못을 범했다는 점이다. 노예제도, 이혼에 대한 권리, 지참금 없는 젊은 여자들에게 강요되는 서약, 빚에 대한 구금 제도가 그것이다. 이 구금 제도는 구체제에서 돈으로 해방을 살 수단이 없었던 수천 명의 불행한 이들을 수년 동안 감옥에서 살게 했는데, 이 때문에도 수감자가 채권자들에게 돈을 갚을 수 없어 구금은 더 연장되었다.

언제나 자신이 해야 할 몫을 몸소 감당할 준비가 되어 있는 그녀는 자신의 극작품 『너그러운 인간l'Homme généreux』을 대본심의에 제출하면서 첫 공연 수익을 죄수들 가운데 한 사람을 해방하는 데 내놓을 의향이 있다고 선언했다. 그 죄수의 운명이 그녀를 감동시켰던 것이다.

그녀가 그 죄수에게 도움을 주고자 익명으로 코메디 프랑세즈의 대본 심의위원회에 제출한 첫 번째 극작품은 바로 위에서 언급한 대담한 주제들 가운데 하나인 노예제도에 관한 것이었다. 1785년에 이런 주제를 연극에서 다룬 건 처음이었다. 이 작품 『자모르와 미르자Zamore et Mirza』는 통과되었지만 아카데미 회원이자 프랑스 장성이었던 독선적인 뒤라스 공작의 개입으로 공연은 줄곧 미뤄졌다. 실제로 강력한 식민지 개척자 파벌이 공연을 막기 위해 더없이 맹렬한 압박을 가했다. 게다가 저자는 흑인 역할을 맡은 배우들에게 감초즙으로 얼굴을 시커멓게 분장하라고 감히 요구했는데, 배우들에게는 이 요구가 그들의 존엄성과 양립 불가능한 것으로 보였다.

올랭프 드 구주는 이렇게 해명했다.

> 당신들이 우리가 공연할 비극에서 흑인이 아니라 야만인들을 본다면 그건 코메디 프랑세즈가 이 피부색을 무대 위에 올리기를 원치 않았기 때문입니다. 하지만 제가 다루고 싶었던 건 흑인들의 끔찍한 이야기입니다. 도덕적 목표만 달성된다면 의상이나 피부 색깔 따위가 뭐 그리 중요하겠습니까.

자기 작품이 공연되는 걸 보고 싶은 초조한 마음에 그녀가 왕의 내실을 드나드는 귀족들이 보호하는 까다로운 코메디 프랑세즈 단원들의 기분을 거스르자 그들은 심지어 그녀를 바스티유 감옥으로 보내야 한다는 내용의 봉인장마저 얻어냈다. 그녀는 이렇게 썼다.

또 의례적인 절차, 그리고 난 산 채로 무덤 속으로 내려갔다.

그녀는 그래도 좌절하지 않고—그 무엇도 그녀를 좌절시키지 못할 것이다—다른 작품들을 쓴다. 『루신다와 카르데니오 Lucinde et Cardénio』를, 그리고 『피가로의 결혼』의 후편으로 『게루빔의 사랑les Amours de Chérubin』을 쓴다.

유행하는 테마를 다시 다루는 건 당시의 관행이었지만 보마르셰1732~1799, 『피가로의 결혼』과 『세비야의 이발사』 등을 쓴 프랑스의 극작가는 표절이나 그의 작품에 이어진 '후속작'들에 격하게 화를 냈다. 그는 『게루빔의 사랑』을 공연하지 못하도록 이탈리아 극단에 압력을 행사했다.

작품들이 거절당하자 그녀는 그것들을 인쇄하는 데 돈을 쏟아부었다. 1786년에 '게루빔의 뜻밖의 결혼le Mariage inattendu de Chérubin'으로 제목을 바꿔 출간한 작품은 비평가들의 호평을 받았다. 이 비평가들 가운데에는 무시무시한 라 아르프도 있었다. 그는 그녀의 작품이 "보마르셰 작품의 패러디도 아니고 비평도 아니며", "세부 요소들에서 기지와 상상력이 도드라진 이 희극은 분명 재능 있는 작품이다"라고 〈르 메르퀴르 드 프랑스〉에 썼다.

자신이 표적이라고 생각되는 음모에 반격하려고 올랭프 드 구주는 거침없이 자신의 불평이나 적들에게 싸움을 거는 내용의 벽보들을 파리에 게시했다.

문학은 광기로까지 이끄는 열정이다. 이 열정이 내 인생의 10년 동안 줄곧 나를 사로잡아왔다. 이 열정엔 사랑과 마찬가지로 고유의 불안과 두려움과 번민이 있다. (…) 그런데 나는 느닷없이 돈을 벌 생각에 사로잡혔다. 돈을 벌고 싶고, 그럴 것이다. 샘내는 사람들과 비판에 맞서, 그리고 심지어 운명에 맞서서 돈을 벌 것이다.

그러곤 천진한 허영심으로 덧붙였다.

열 명의 비서가 일하더라도 내 상상력의 왕성한 생산을 감당하지 못할 것이다. 내게는 적어도 서른 편의 작품이 있다. 좋은 작품보다 나쁜 작품이 더 많다는 건 인정하지만 양식을 갖춘 열 편이 있다는 것도 인정할 수밖에 없다.

1789년까지 그녀는 여자들에게 명성을 좇는 것이 의미하는 '명백한 위험'과 관련해 코메디 프랑세즈 단원들이 보이는 경계 태세에도 아랑곳 않고 극작 활동에 전념한다. 그녀의 오랜 적 플뢰리는 그녀에 대해 이렇게 쓴다. "구주 부인은 면도기 한 벌을 선물하고 싶은 그런 여자들 가운데 한 사람이었다. 우리 성별의 자질들을 얻을 희망은 전혀 없이 자기 성별이 갖는 사랑스러운 자질들을 잃는 여자들에 속했다. 여자 전업 작가는 어떤 재능을 가졌다고 가정하건 모두 이런 잘못된 처지에 놓였다."

그녀의 전기 작가 샤를 몽슬레는 『잊힌 사람들과 멸시당한 사람들』에서 남자들이 죽도록 되풀이해서 말하듯이 여자에게는 문학이 해롭다고 서둘러 말한다. "그녀는 자기 뺨에서 장밋빛이 시들어가고 주위로 고독이 둘러싸는 걸 깨닫지 못한다. 피할 길 없는 일은 이미 벌어졌다. 문학이 애교를 몰아내버린 것이다. 그녀의 눈은 얼이 빠졌고, 머리카락은 저급한 취향의 은유처럼 뒤엉켰다. 암컷 작가들의 슬픈 운명이다!"

그럼에도 운명이 마침내 그녀에게 미소를 짓는 것 같았다. 정치적 분위기가 변하고, 바람의 방향이 바뀐 걸 느끼고서 코메디 프랑세즈가 '흑인들의 노예 상태l'Esclavage des Nègres'로 제목을 바꾼 『자모르와 미르자』를 공연하기로 결정한 것이다. 올랭프는 이 일을 기회로 「흑인들에 관한 성찰Réflexions sur les hommes nègres」(119쪽)을 출간한다. 지롱드 당원 브리소가 강력한 식민지 개척자 집단과 그들이 비호하는 "파렴치한 무역"에 맞서 싸우기 위해 '흑인우호협회'를 아직 파리에 창설하기 전이라는 걸 생각하면 대단히 전위적인 텍스트였다. 게다가 그녀는 1808년 "흑인 노예무역 철폐를 지지하고 행동한 용기 있는 사람들의 명부"에 실린 유일한 여성이 된다.

「흑인들에 관한 성찰」에 그녀는 이렇게 썼다.

흑인종은 그 비참한 운명 때문에 언제나 나의 관심을 끌었다.

(…)

그 당시 내가 물어볼 수 있었던 사람들은 내 호기심과 사유를 채워주지 못했다. 그들은 흑인들을 야만인처럼, 하늘이 저주를 내린 존재들로 취급했다. 하지만 나는 나이가 들면서 그들을 그 끔찍한 노예 상태로 단죄한 것이 힘과 편견이었음을, 자연은 아무 기여도 하지 않았으며 백인들의 부당하고 강력한 욕심이 모든 걸 만들었음을 명백히 알게 되었다.

(…) 인간 무역이라니! 세상에나! 자연이 전율하지 않는가? 그들이 동물이라면 그들과 마찬가지로 우리도 동물이 아닌가? 백인은 어떤 점에서 그들과 다른가? 차이는 피부색이다. (…) 왜 밋밋한 금발을 혼혈에서 생겨난 갈색 머리보다 더 선호할까? (…) 인간의 피부색에도 미묘한 차이가 있다. (…) 모든 건 다양하며 바로 그래서 자연이 아름다운 것이다.

공연이 있기 며칠 전 '드 구주 부인에게 보내는 편지'라는 제목을 단 익명의 인쇄물이 파리 전역에 배포되었다.

"(…) 모든 식민지 개척자들의 이름을 걸고 당신에게 이 말을 해야 되겠소. 오래전부터 흑인의 친구를 자청하는 자들이 서로 손을 잡고 싶어 안달하더니 개중 여럿이 개별적으로 선동까지 했소. (…) 흑인 친구들은 나날이 우리의 파산과 파괴를 획책하고 있는 동굴에서 마침내 나와서 단도와 외투를 버리고 가슴과 팔을 드러내고 검을 들라. 그러면 우리도 기꺼

이 당신들에게 우리가 누구인지 보여줄 것이다. 따라서 우리는 흑인의 신사 친구들과, 그자들을 위해 그토록 명예롭게 앞장을 서는 부인에게 제안하니 (…) 그르넬 벌판이나 사블롱 벌판으로 나와 구덩이를 파고 목숨 걸고 싸웁시다. (…) 부인, 마지막으로 흑인의 친구를 자청하는 신사들이 식민지 개척자들을 도발하려고 여자까지 이용한 건 참으로 대단한 일이라는 걸 말해두겠소. 당신의 말이 당신의 성별을 뛰어넘는 용기와 감정을 드러내고, 우리가 서로 맞서 무장하는 걸 당신이 겁내는 것 같아 보이지 않지만 이 또한 당신네 신사들의 비겁한 곁눈질이라고 생각될 뿐이오. 당신이 대단히 교양이 있어 보이긴 합니다만, 부인은 아마도 이 말은 모를 것 같군요. 하지만 아카데미 회원들과 문인들에 둘러싸여 있으니 그 의미를 파악하는 데 오래 걸리지는 않을 겁니다. (…)

아주 쉽게 알 수 있는 식민지 개척자. 1789년 12월 25일."

보수 신문들도 "세네갈에서 선행을 하기보다는 프랑스에서 잡음만 내는" "백인의 적인 흑인의 친구들"에 맞서 격분했다.

총연습 날 저녁, 분위기는 과열되었다. 공연장 일부는 노예제도 폐지 반대자들이 끌어모은 난동꾼들이 차지했다. 노예제도 지지자들과 반대자들은 무대 위까지 올라와 맞섰고, 공연은 난투극으로 변질되었다. 파리 시장은 "이 선동적인 작품이 식민지들에 폭동을 유발할지도 모른다"라고 선언했고, 세 번의 공연을 끝으로 이 작품은 레퍼토리에서 빠졌다.

비평도 둘로 나뉘었다. 〈르 모니퇴르〉는 "지금까지 무대에 오른 것 가운데 가장 소설적인 작품 중 하나였다"라고 선언했고, 군주제를 지지하는 한 신문은 이런 말로 분개했다. "이런 내용이 얼마나 해로운지 느낄 수 있다. 살인자를 극의 주인공으로 삼는 건 더할 나위 없이 부도덕한 일이다."

마지막으로, 반박 없는 논거 하나는 어느 비평가가 썼듯이 이 작품이 여성의 것이라는 점이었다. "좋은 작품을 쓰려면 턱에 수염이 있어야 한다는 사실만 거듭 말하겠습니다."

또 다른 보수 신문은 이렇게 표명했다. "여자가 프랑스의 정중한 예절에서 제 권리를 지키려면 직접 그 권리들을 획득해야 한다. 여자의 판관이 된 청중은 스스로 정중하지 않아도 된다고 생각하고, 여자의 약점들은 그대로 둔 채 매력만 사라지게 하는 주장 너머로 사랑스러운 성별을 더는 보지 못한다!"

코메디 프랑세즈 단원들은 그 후 이 작품을 다시 선택하길 거부했고, 그들 소유 레퍼토리였기에 다른 곳에서 공연하는 것조차 금지했다. 작품의 소유권을 박탈하는 이 권력 남용 앞에서 여러 극작가들, 마리보, 스덴, 르사주, 샹포르, 앙드레 셰니에1762~1794, 혁명기의 시인 등은 1790년에 소송을 제기했다. 그들은 소송에서 이기지만 『흑인들의 노예 상태』를 위해서는 너무 늦은 일이었다. 올랭프 드 구주는 지쳐서 이미 다른 주제들을 공략했다.

그녀는 봉디 거리의 '테아트르 코미크 에 리리크'에서 여든 차례나 공연될 『강요된 서약들les Vœux forcés』과, 천진하면서 동시에 도발적인 신앙 선언을 앞세우지만 이상하리만큼 명철한 『혼쭐난 철학자 또는 오쟁이 졌으리라 추정되는 남자le Philosophe corrigé ou le Cocu supposé』를 썼다.

> 나는 대단히 경솔한 언동을 자주 했지만 내 마음에 드는 언동이었고, 때로는 다른 사람들이 애매한 말을 피하려고 조심하는 만큼이나 고심해서 내게 불리한 그런 행동을 한다. (…) 그러느라 나의 재산을, 나의 휴식을, 나의 평판을 지불했다.

그 뒤 그녀는 자신의 최고 걸작 『니농 집의 몰리에르Molière chez Ninon』를 쓴다. 〈주르날 앙시클로페디크〉는 "거대한 진실에 관한 일화적인 작품"이라 평가하며 이렇게 덧붙인다. "코메디 프랑세즈가 이 작품을 거절하고 그것에 전혀 귀를 기울이지 않은 건 잘못이다." 하지만 이 저명한 기관의 단원들은 너무 오만한 올랭프 드 구주의 작품들을 기계적으로 거부하겠다 결심한 것으로 보인다. 그러자 그녀는 다른 극장들로 발길을 돌렸다.

1791년, 그녀는 그즈음 사망한 미라보1749~1791, 프랑스의 정치가이자 작가에게 바치는 추도시를 프로코프 카페에서 직접 낭송한 뒤, 코메디 이탈리엔에서 『샹젤리제의 미라보Mirabeau aux Champs-Élysées』를 공연했다. 이 작품에서 그녀는 대담하게도 무대 위에 루이 12세, 앙리 4세, 루이 14세, 프랭클린, 세비녜 부인, 그녀가 좋아하는 여주인공 가운데 한 사람인 니농 드 랑클로를 한데 끌어들였다. 실제로 그녀는 작가들이며 철학자들과 교제한 자주적인 "17세기의 팜므 파탈" 니농에게 친근감을 느꼈다. 니농과 마찬가지로 그녀는 동시대인으로부터 존중받지 못해 괴로워했고, "두 성별 모두에 요구되어야 마땅한 품성들의 구분 없는 공유"를 믿었다. 그녀는 여성에게 주어진 조건을 고발하기 위해 여러 차례 여성의 대변인 역할을 자처한다.

> 나는 그 부당함을 느끼며 그걸 지지할 수가 없다. 더없이 경박한 것은 우리에게 떠안기고, 주요 품성들에 대한 권리는 남자들이 독차지한 것 같다. 요즘 나는 나를 남자로 만들고 있다! 따라서 내가 자연에서 받은 귀중한 재능들을 쓸 때 더는 얼굴을 붉히지 않을 것이다. 내가 다시 젊어질 수 있더라도 열다섯 살의 나이로 돌아갈 수 있더라도 나는 지금껏 걸어온 인생의 지도를 조금도 바꾸지 않을 것이다. 하지만 난 50대로 접어들고 있다. (…) 이 말에 그대들은 놀랄 것이다. 무엇보다 이걸 털어놓을 힘이 내게 있다는 사실에 놀랄 것이다.

올랭프 드 구주가 요구하는 지성의 권리, 그리고 수치심 없이 늙을 권리는 그녀가 여성으로서 최초로 용기 내어 다룬 주제들이다. 그녀의 극작품들이 대체로 오늘날 대중이 읽기 힘든 것이 되었지만 그럼에도 흥미롭지 않은 건 아니다. 이 작품들에서는 열광과 이타심과 상상력을 여전히 느낄 수 있다. 하지만 때로 그녀는 분노에 사로잡혀서 조급하게 구술하는 과오를 범했다. 심지어 닷새 만에 작품 한 편을 쓸 수 있다고 자부했고, 경솔하게도 그걸 입증하기 위해 대중 앞에서 시합을 하자며 카롱 드 보마르셰에게 제안하기까지 했다!

> 사람들이 내 성별에 보이는 저 꺾이지 않는 선입견은 왜일까? 코메디 프랑세즈가 여성의 작품을 공연해서는 안 된다고 큰소리로 떠들어대는 건 왜일까? (…) 당신은 심지어 내가 내 작품의 작가가 아니라는 말까지도 서슴지 않고 했다! (…) 나는 여자이고 전혀 부자가 아니다. (…) 여자들에게는 비루한 수단 말고는 달리 궁핍의 공포에서 벗어날 방법이 앞으로도 결코 허용되지 않을 건가? (…) 나는 당신이 가진 재산을 갖지 못했기에 감히 당신에게 선행을 제안한다. 나는 100루이를 걸 테니, 당신은 1000루이를 거시라. 양쪽의 재산을 비교해볼 때 이건 아주 합리적인 제안이다. 따라서 할 수만 있다면 모든 파리 시민이 모인 한 장소에서 내게 제시되는 주제에 관한 극작품을 한 편 쓰겠다.
>
> 지는 사람의 100루이 또는 1000루이는 처녀 여섯 명을 결혼시키는 데 사용될 것이다. 내가 1000루이로 그들을 결혼시킬 수만 있다면 행복하겠다. 이러건 저러건 이득뿐인 일 아닌가!

이 글에서는 그녀의 천진함과 도덕주의, 실천 정신을 모두 볼 수 있다. 어린아이 같은 허영심까지도. 당대 최고 인기 작가와 맞짱을 떴으니!

하지만 그녀의 극작품에 결정적인 판단을 내리기 전에 감상적인 웅변조나 과장된 문체에 대한 그 시대 취향도 고려해야 한다. 혁명극은 무엇보다 애국적인 정치극이며, 이 점이 작품 전반에 계몽적이고 과장된 성향을 부여한다. 심지어 앙드레 셰니에의 펜 아래서도 그렇다. 오늘날 우리에게는 우스꽝스럽고 과도해 보이는 것이 당시 사람들에겐 감동을 주었다. 무대에서 싸움이 벌어지는 일도 잦았다. 연극이 법정의 연장이어서 작품이 과거의 회한을 표현할 때마다 야유를 받았던 것이다.

더구나 올랭프 드 구주는 극 장르에만 만족하지 않았다. 자서전 『드 발롱 부인의 회고록』을 쓰고 나서 두툼한 정치철학적 소설 『철학자 왕자le Prince philosophe』도 간행했다. 이 작품은 긴 도덕적 여담 외에도 성 평등에 관한 놀랍도록 근대적인 통찰을 담고 있다.

그러나 무엇보다 그녀는 혁명이 가까워지자 새로운 이념들에 열광했고, 문학 활동보다 정치적 활동에 더 끌리기 시작했다.

위원회, 이면공작, 배역, 작품, 남자 배우와 여자 배우 따위는 접어두자. 내 눈엔 공공 행복에 대한 계획밖에는 들어오지 않는다.

장년기—그녀는 서른여덟 살이다—가 그녀에겐 잘 맞았다. 이를테면 그녀가 쾌락을 남용한 나머지 피폐해졌다고 묘사한 미슐레 같은 사람이 믿고 싶어한 것과는 반대로 당대 증인의 말에 따르면 그녀는 "여전히 멋지고 활기 넘치며 열정적이어서, 초로기에 접어들었지만 전처럼 사랑스럽고 정열을 불러일으킬 수 있는 여자"로 보였다.

선거권도 피선거권도 갖지 못하고 공직도 맡을 수 없으며, 집회 토론에 개입할 수도 없고 어떤 책임도 질 수 없는 처지에서 활동적이며 생각 많은 여자가 글 쓰는 일 말고 무엇을 할 수 있었겠는가?

그녀는 말한다.

> 남자들은 모든 특권을 가졌다. 더없이 천한 출신이라도 엄청난 부를 획득하고, 때로는 고위직에 이르기까지 한 남자들을 보았다. 그런데 간계를 부릴 줄 모르는 여자들은—다시 말해 덕성스러운 여자들은—궁핍 속에 남는다. 그들은 우리를 모든 권력과 모든 지식에서 배제했다. 그러나 글 쓰는 일을 우리에게서 빼앗을 생각만은 하지 못했다! 참으로 다행한 일이다.

1788년 11월 6일, 〈주르날 제네랄 드 프랑스〉는 그녀의 첫 정치 책자를 출간한다. 「한 여성 시민이 쓴 민중에게 보내는 편지 또는 애국 기금 계획」이 그것이다.

더구나 이 계획은 주목받는다. 1788년과 1789년은 애국자들을 열광케 할 이상과 상징적 행동들이 꽃핀다. 이를테면 무아트 부인의 호소에 응한 수많은 여성들이 국회에 보석을 내놓은 그 유명한 의식이 있다. 이때 올랭프 드 구주는 "프랑스가 잘되길 바라며 그저 경건한 기도나 하는 것으로 비치지 않으려고 수입의 4분의 1"을 국회로 보낸다.

몇 달 뒤, 그녀는 민중에게 쓰는 편지에 "애국적인 고찰"을 덧붙여 보완한다. 이 글엔 사려 깊은 생각들과 한 세기 후에나 실행에 옮겨질 전위적인 제안들이 가득하다. 그녀는 사회사업을, 노인들을 위한 수용시설을, 노동자 자녀들을 위한 집합소를, 아직은 실업자라는 말로 부르지 않던 사람들을 위한 공공작업장을 최초로 얘기한 인물이다. 공공작업장은 1848년에 국가작업장이라는 이름으로 다시 채택될 것이다. 그녀는 또한 오늘날 우리네 배심원제의 전조인 범죄 사건의 판결을 위해 호출되는 민간 법정 창설도 제안한다.

마지막으로 그녀는 이 시대엔 대단히 보기 드문 관심사인 병원 소독 문제와 출산시 비참한 위생 문제도 언급한다. 시립병원에서는 출산하는 여성 네 명 가운데 한 명이 죽었는데, 대개 전적으로 피할 수 있는 감염 때문이었다. 올랭프 드 구주는 "누구도 진지하게 돌보지 않는 사람들을 낳다가 산파의 품에서 죽어가는 여성들, 출산의 고통에 아무 관심도 받지 못하는 여성들"의 운명에 마음이 동한 최초의 인물이다.

(…) 점잖은 여성들이 국가의 너그러움과 인류애에 기대하는 건 사치스러운 아파트나 호화로운 실내장식이 결코 아니다. 혐오스러운 이름이 붙지 않을 병원, 청결이 사치로 여겨질 그런 소박한 집이다.

이 방대한 사회사업 계획에 자금을 조달하려고 그녀는 사치세에 대한 의견을 개진한다.

지나는 길에 마주치는 모든 걸 짓밟고 전복시키는 세련된 취향 같은 것이지요. 이 무절제한 사치에 매기는 세금에 인류가 얼마나 환호를 보내겠습니까?

이 틈을 타 그녀는 여성들에게 간소한 복장도 권장한다.

제가 속한 성性이 오늘날 극단까지 몰고 간 과도한 사치도 애국 기금을 열면 멈출 것입니다. 아름답다고 이성과 조국애가 배제되는 건 아니므로 아무리 예쁜 여자들일지라도 본질적으로 여자라면 누구나 모양이 다른 열 개의 모자를 사는 대신 세련된 모자 한두 개에 만족할 것이며, 나머지 초과분은 이 기금에 보낼 것입니다.

효력을 염려한 그녀는 〈주르날 드 파리〉의 편집진이 자신의 계획을 홍보해주지 않았으며 불의를 줄이는 일에 너무 선행에만 기댄다고 비난한다.

당신네 신문들은 지면을 대체로 선행에 할애했습니다. 수많은 아름다운 영혼들이 불행한 사람들을 돕기 위해 당신들에게 문의합니다. 엄청난 수의 사람들이 아직 대중에 소개되지 않았습니다! 당신네 지면은 행정구의 가난한 이들을 도우려는 유명하고 부유한 사람들의 선행들로 채워져 있어요. 하지만 부자들과 명사들은 결코 생마르셀, 생앙투안, 생드니, 생마르탱 같은 변두리에 살지 않습니다. 그곳의 불행한 이들은 더없이 추악한 궁핍을 겪고 있어요. 그러니 당신네 지면에다 일 없고, 빵 없고, 이 살인적인 혹독한 계절에 따뜻한 방마저 없는 노동자들이 대부분인 변두리의 가난한 이들을 위해 제가 쓴 글을 끼워 넣는 게 적절할 듯싶습니다.

이 애국적인 고찰이 이미 작년 12월 12일에 인쇄되어 15일엔 곳곳에 실렸고, 법관과 대공 들, 장관들과 어쩌면 왕좌의 발치에까지 이르렀으리라는 사실을 알아주십시오.

〈주르날 드 파리〉가 독자들에게 진짜 빈곤을 알리지 않는다고 비난하면서 올랭프 드 구주는 생드니의 음산한 시료원을 그들에게 묘사해 보이기 위해 기자로 변신한다.

군주와 최고의 국왕이 지켜보는 가운데 특혜받은 장소였다가 오래전에 모든 가난한 이들의 무덤이 되어버린 곳이 존재한다고 믿을 수 있겠습니까? 바로 그 도살장에서 그들은 느리고 잔인한 죽음을 맞이합니다. 그 무시무시한 체류지가 바로 생드니의 끔찍한 수용소입니다. 그곳엔 게으른 자와 일 없는 노동자가, 노인과 고아가 구분 없이 갇혀 있습니다. 그리고 혹독한 운명에 저항하는 사람들은 몇 달 뒤 이 죽음의 수용소에서 옷도 빵도 없이 끔찍한 대우에 기진맥진한 채 내쫓깁니다.

이렇게 해서 인류가 보존되겠습니까? 이 생드니 수용소가 대체 국가에 어떤 쓰임새가 있는 겁니까? (…) 아마도 게으른 자들까지 더해져 늘어나는 걸인의 수를 막기 위한 거라고 말하겠지요? 그렇다면 그들을 보호하고 그들에게 경쟁의식을 심어주고 건강한 음식을 제공해야 합니다. 그렇게 한다면 이 장소는 일 없는 노동자들의 안식처가 될 터고, 게으른 자들이 국가에 부담을 지우며 무위도식하는 사람이 되지 않게 만들 겁니다. 그들을 공공 근로에 투입하거나 아니면 이 건장한 사람들로 일종의 민병대를 창설해야 합니다.

걸인들이 걸음을 멈춰야 할 곳은 바로 거기입니다. 하지만 제 생각엔 그들을 유독한 체류지에 얼마간 가두었다가 돌려보내는 것으로는 걸인의 수를 줄이기보다는 늘리게 될 뿐입니다. 이런 변화를 피할 수 없다면 그 가혹한 조처는 게으른 젊은 사람들에게나 실시하고 아이들과 노인들은 배려하십시오. 아! 파리에서는 얼마나 많은 첩자들이 걸인을 잡아올 때마다 지불하는 추악한 급료를 받으려고 노인과 아이들을 가족의 품에서 끌어내고 있습니까! 이 일을 살펴볼 것을 정부에 건의합니다. 아름다운 영혼들이 이 시료원의 해체에 공헌하거나 그곳을 국가에 유용하고 인류에 도움이 되는 기관으로 바꿀 수 있게 되기를 바랍니다.

더구나 올랭프 드 구주는 도의를 염려해서 자기 제안의 재정이나 홍보 문제를 생각하지 못한 적이 결코 없다. 그렇기에 그녀는 〈주르날 드 파리〉에다 빈민들을 위한 자신의 애국적 고찰을 간행하라고 제안한다.

내 글의 발행 부수가 내가 희망하는 대로 3000부가 된다면 이 불운한 이들 가운데 스물다섯 사람, 다시 말해 예순 넘은 노인 열세 분과 열두 살이 안 되는 어린이 열두 명의 혹독한 운명을 개선해주고 싶습니다. 그리고 그들의 품행을 보고 선택하기를 원합니다. 그래서 그들에게 똑같은 옷을 입히고, 초과분 금액은 현금으로 나눠 주고, 아이들이 직업교육을 받을 수 있도록 취직시켜준다면 좋을 것입니다.

1789년 한 해 동안 올랭프 드 구주는 대단히 다양하고 참신한 문제들을 다룬 열두 편 넘는 책자를 게시하거나 출간한다. 이 글들에서 그녀는 거리의 청결을, 도시에서 유통되는 육류에 대한 감독을, 사제들의 독신 생활을(그녀가 안타깝게 생각하는), 또는 버림받은 아이들과 사생아들의 지위를 언급한다. 마지막 주제는 그녀가 영원히 마음에 품게 될 주제이며 훗날 또 한 사람의 "불가촉천민"인 플로라 트리스탕1803~1844, 프랑스의 여성 및 노동자 해방운동의 선구자의 근심 가운데 하나가 될 것이다.

자신의 출신이 그녀를 짓누르는 짐이 되지는 않았지만—"월계관을 쓴 사람의 딸"이라는 사실에 오히려 종종 우쭐했다—그녀는 그녀를 돕기를 거부한 아버지가 여러 차례 이용했기에 익히 잘 아는 위선적인 원칙들을 이 시대 아버지들이 내세우며 존재 인정을 거부하는 사생아들과 관련된 법률을 바꾸려고 평생 애쓴다.

> 나는 유명한 아버지의 이름과 재산에 권리가 있었다. 나는 사람들이 주장하는 것처럼 왕(루이 15세를 말한다)의 딸이 아니라 월계관을 쓴 사람의 딸이다. 문학적 재능과 덕성으로 유명한 사람의 딸이다. 그는 평생 살면서 단 한 가지 실수밖에 하지 않았다. 내게 범한 실수였다. 그 이상은 말하지 않겠다.

그녀는 2년 후에나 합법화될 이혼도 옹호하는데, 그러면서도 결혼 제도를 대단히 존중하는 태도를 보인다. 자유를 좇았지만 올랭프 드 구주는 일부 사람들이 그녀에게서 보고 싶어 한 것처럼 살생을 즐기고 무정부주의를 지지하는 사나운 여자가 결코 아니다. 혁명의 극단주의자들을 마주 대하고서도 그녀는 언제나 절제하는 태도를 보인다.

내가 제안한 이혼에 대해 고집하지는 않겠다. 인간의 자유와 풍속에 대단히 필요한 일이라고 생각되지만 말이다. 이 문제로 가장 득을 보는 건 후대다. (…)

그런데 치욕이라는 편견이 사생아들에게 사회의 통상적인 지위와 직위에 이르는 모든 시험을 가로막고 있다. 우리가 모든 악습을 근절하는 마당에 이 악습은 어떻게 남겨놓을 수 있겠는가!

대공이 더없이 비천한 여자의 태胎에서 태어난 아이에게 생명을 준다고 그가 귀족이 아닌 것이 아니듯이 이 편견이 내게는 참으로 터무니없고, 우습고, 자연에 어긋나는 것처럼 보인다. (…)

하지만 사회질서를 뒤흔들까 염려되니 결혼의 권리는 건드리지 말자. (…) 불의만 지우도록 하자. 사생아들에게도 사회 속에서 명예와 공덕으로 두각을 나타낼 동일한 기회를 주자. 사생아도 신사의 자질과 재능을 겸비할 수 있으니(…).

혁명 초기 몇 달 동안 올랭프 드 구주는 의원들과 왕실과 대중에게 자신의 팸플릿, 소책자, 청원서 들을 잔뜩 쏟아내 스스로를 웃음거리로 만들고, 심지어 폭력에 노출하기까지 한다. 실제로 언론은 혁명이 일어났지만 조금도 바뀌지 않은 여성 혐오의 전통적인 테마들을 모조리 동원해 그녀의 시도들을 조롱조로 해설한다. 거기에 올랭프 드 구주는 언제나 유머로써 응대한다.

궁정의 경이로운 분들께서는 제가 책보다는 사랑을 하는 편이 나을 거라고 대담하게 외치며 주장합니다. 저도 그분들의 말을 믿을 수 있었을 겁니다. (…) 그분들이 나를 설득할 능력이 있었다면 말입니다!

그녀는 정치적 박해가 자신을 단두대로 몰고 가리라는 건 아직 모른 채 종교적 박해의 시대에 살지 않는 것에 기뻐한다.

애국적인 행동을 하도록 내게 용기를 주는 건 잔 다르크처럼 성스러운 불고기가 될까 겁내지 않아도 된다는 걸 무신론이 보장해주기 때문이다.

일부 작가나 정치인들은 그녀를 잔 다르크처럼 여기지는 않지만 그녀의 용기와 생각들을 높이 평가하기 시작한다. 샤를 노디에1780~1844, 프랑스의 낭만주의 작가는 그녀가 보여주는 즉흥 연설의 힘과 생각의 풍요로움에 놀란다. 그리고 미라보는 이렇게 선언한다. "우리는 무지한 한 여자에게 대단히 위대한 발견들을 빚지고 있다."

1790년은 그녀에게 희망을 조금 허용한다. 세계 페미니즘에서 괄목할 만한 시기였다.

영국에서는 영국 여성 선구자 메리 울스턴크래프트1759~1797가 『여성의 권리 옹호』를 출간했는데, 이 책은 곧 프랑스에서 번역 출간되었고, 미국에서 대단히 많이 읽혔다. 이 방면에서 최초였던 이 선언은 영국에서 떠들썩한 반향을 불러일으켰고, 대대적인 지탄에 부딪혔다. 대중은 여성해방을 제한적으로라도 인정할 만큼 전혀 성숙하지 못했다. 이런 종류의 주장은 울스턴크래프트의 존경할 만한 경쟁 상대인 올랭프 드 구주와 마찬가지로 오만과 부도덕의 괴물에게서 나온 것으로밖에 여겨지지 않았다. 호러스 월폴1717~1797, 영국의 소설가은 울스턴크래프트에게 "치마 입은 하이에나"라는 별명을 붙였다.

독일에서도 같은 해 테오도르 판 히펠이 『여성의 시민권 향상에 관한 에세이』를 출간했다.

프랑스에서는 혁명의 유일한 페미니스트 콩도르세가 1790년 7월에 「여성 시민권 인정에 대하여」라는 역사적 선언문을 발표했다. 그는 이 글에서 참으로 혁신적인 해결책들을 제안해 입헌의회혁명 직전 구성되어 입법의회 성립 때까지 존속한 프랑스 최초 입헌의회로 제헌국민의회라고도 부른다의 모든 의원들을 격노하게 했다. 차이 속의 평등을, 여성을 배제한 보통선거를 지지하는 의원들을 말이다.

"인류의 어떤 개인도 진짜 권리들을 못 갖든지, 아니면 모든 개인이 동일한 권리들을 가져야 한다. 타인의 권리에 반대하는 투표를 하는 자는 그의 종교나 피부색이나 성별이 무엇이건 그는 자신의 권리를 이미 공공연히 포기한 것이다."

이 멋진 문장을 쓰고도 콩도르세는 동료들의 적의 앞에서 곧 후퇴해야만 했다. 『대중 교화 계획』에서 그는 심지어 더는 여성 문제를 언급하지 못했다. 그럼에도 그는 위험한 자유주의적 개혁주의자로 간주되었다. 산악당 의원들이 그에게 사형을 언도했고, 그는 자살함으로써 단두대를 모면했다.

많은 영역, 특히 종교 영역에서 그토록 대담했던 프랑스혁명이 여성과 새로운 사회에서 여성이 맡을 역할에 대해서는 이토록 역행적인 발상에 머물렀다는 사실에 놀란다면 천진한 사람일 것이다. 모든 혁명의 역사가 가슴 아프게도 이 사실을 예시해준다. 여성들은 적극적으로 혁명에 가담하고도 한 번도 그 결실을 수확하지 못했고, 대개 질서와 전통으로 복귀하는 대가를 치렀다.

이 18세기 말, 프랑스에서 가장 열린 정신의 소유자들인 미라보, 탈레랑1754~1838, 정통주의를 내세워 프랑스의 이익을 옹호한 정치가, 시에예스1748~1836, 프랑스혁명의 지도자는 그들의 동반자인 여성들에게 국가 발전에서 터무니없이 하찮은 자리밖에 내주지 않았다. 실뱅 마레샬은 심지어 여자들이 읽는 법을 배우는 걸 금지하는 법률까지 제안했다. "그 대신 자연이 여자들에게 말하는 경이로운 재능을 갖고 태어나게 했잖은가." 그에 앞선(그리고 그에 뒤이은) 많은 다른 사람들과 마찬가지로 그는 "세상이 여자들의 가정이고, 전 인류가 여자들의 남편"이라고 생각했다. 흑인의 평등권을 위해 그토록 열을 올렸던 지롱드 당원 브리소조차도 초등 교육 1, 2년이면 어린 딸에게 충분하다고 생각했다.

『교육에 관한 담론』에서 베르나르댕 드 생피에르 역시 몰리에르, 페늘롱, 루소의 이름으로 빛나는 위대한 전통에 동조했다. 그 전통에 따르면 "딸아이들은 남자들이 알아야 하는 것을 아무것도 배우지 말아야 한다". 식견 있는 사람으로 간주되던 스타엘 부인조차도 남자들의 대열에 합류했다. "공무에서 여자들을 배제하는 건 옳은 일이다. 그것보다 그들의 타고난 소명에 반하는 일이 없다."

혁명에서 유일하게 영향력을 행사했고, 그 영향력을 간직하려고 애쓴 롤랑 부인은 자신의 성性을 위한 어떤 주장도 하지 않으려 조심했고, 확실한 태도로 남자들을 안심시키는 편을 택했다. "우리는 오직 마음의 제국만을 원하고, 그대들의 마음속 권좌만을 원합니다." 그럼에도 그녀는 남편과 나란히 단두대에서 죽어야만 했다. 그녀는 한 순간도 올랭프 드 구주를 지지하지 않았고, 그 이유를 감추지 않았다. "나는 언젠가 작가가 되고 싶다는 가볍디가벼운 유혹조차 느낀 적이 없다. 작가라는 지위로 돈을 버는 여자가 얻는 것보다 훨씬 많은 것을 잃는 걸 나는 아주 일찍이 보았다. 남자들은 그 여자를 전혀 좋아하지 않고, 같은 여자들조차 그녀를 비판한다. 그녀가 쓴 저서가 나쁘면 사람들은 그녀를 조롱하는 데 아주 열심이다. 저서가 좋으면 그녀에게서 그것을 빼앗는다."

롤랑 부인의 이런 멋진 통찰력이 그녀가 이토록 잘 묘사하고 있는 운명에 맞서 항거한 여자들을 향한 어떤 너그러움도 부추기지 않았다니 기이한 일이다.

이런 사회적 맥락, 남자들의 원칙적인 적의와 자신들이 의지하는 사람들의 마음에 들지 않을까 겁내는 여성들의 연대 부재 사이에서 1791년에 출간된 '여성 권리 선언'이 얼마나 부적절하고 지나치며 파렴치한 것으로 보였을지 상상이 간다. 그것은 온 세상을 충격에 빠뜨릴 만했다. 민중, 입법자들, 여성들, 모든 계층들을 말이다. 게다가 이 선언은 아무런 반향을 얻지 못했다. 그만큼 그 시절 여성 문제는 터무니없어 보였고, 혁명가들이 끊임없이 부르짖던 이성과 자연에 어긋나는 것으로 보였던 것이다. 이 선언은 기껏 좋게 봤자 인권선언의 모방작으로, 나쁘게는 광대 짓거리로 여겨졌다. 허무맹랑한 망상이나 패러디 같은 선언들이 상당수 나왔다. 저자가 남성인 「시집 못 간 여자들의 불평과 하소연」이나 「시장 생선장수 여자들의 권리」 같은 것들이었다.

같은 현상이 영국에서도 일어났다. 두 익명의 저자가 메리 울스턴크래프트의 선언에 대한 응답으로 「동물의 권리 옹호」를 출판했다. 나라는 달라도 여성의 자주적 행동을 우스꽝스럽게 만들어 싹수부터 자르는 방법들은 어디나 똑같았다.

그러나 웃음거리가 되는 데 대한 두려움이 올랭프 드 구주에게 제동을 건 적은 없었다. 수줍음도 마찬가지였다. 그녀의 선언은 일부 여성을 위한 일부 권리를 주장한 것이 아니라 모든 여성의 모든 권리를 주장한 것이었다. 이 주장의 무엇이 역사에 남았을까? 그다지 남은 게 없다. 유명해진 한 문장밖에는. 하지만 그 문장마저도 미슐레가 소피 드 콩도르세의 것으로 만들어버렸다. "여성은 단두대에 오를 권리가 있다. 마찬가지로 연단에 오를 권리도 가져야 한다."

단두대에 오를 권리는 2년 후 푸키에 탱빌1746~1795, 프랑스혁명기의 법률가이자 정치인이 관대하게도 그녀에게 부여한다. 그러나 여성이 연단에 오르려면 150년을 더 기다려야 한다.

소피 드 콩도르세는 그녀의 남편과 올랭프 드 구주의 혁명적 이념을 공유했는데, 구주 부인 식의 재담으로 나폴레옹에게 응수한다. 나폴레옹이 "정치에 끼어드는 여자들을" 좋아하지 않는다고 말하자 이렇게 받아친 것이다. "여자들의 머리를 자르는 나라에서 여자들이 그 이유를 알고 싶어하는 건 당연하지요!"

「여성과 여성 시민의 권리 선언」은 물론 1789년의 인권선언에서 착상한 것이지만 그보다 훨씬 멀리 나아갔다(141쪽). 남자(인간)라는 말을 여자라는 말로 대체하는 것에 그치지 않고 그녀는 대담하게도 시민의 자유를 개인의 자유로 보완했다. 그녀가 보기에 이 둘은 분리될 수 없는 것이었다. 2세기 후에도 이 문제가 우리 관심사의 중심에 있게 된다는 걸 생각해보면 믿기 힘들 정도로 근대적인 태도였다. 그녀는 푸리에 1772~1837, 프랑스의 공상적 사회주의자보다 훨씬 앞서서 최근에 법률로 지위를 인정한 동거 관계를 예시하는, 일종의 합법적인 혼외 관계인 '사회계약'을 인정받고자 결혼 제도의 재검토를 제안하기까지 한다.

또한 그녀는 미혼모들을 위한 원조와 친자 관계를 확인할 권리도 주장했다.

> 따라서 야만적인 편견이 진실을 감추도록 강요하는 일 없이 모든 여성 시민은 자신에게 속한 아이의 어머니임을 자유롭게 말할 수 있다.

그리고 이혼할 경우 양육비 지불뿐만 아니라 결혼 여부와 상관없이 어머니들의 존엄성을 사회가 인정해줄 것도 요구했다. 이렇게 올랭프 드 구주는 인간의 존엄성이라는 개념을 최초로 내세운 여성이었다.

마지막으로 그녀는 합법적인 자식이건 아니건 모든 아이들이 아버지의 유산에 대한 권리를 갖기를 희망했다. 이 바람이 마침내 프랑스 법전에 등록되려면 1975년까지 기다려야 한다.

관습에 대해 참으로 도덕자연하던 시대에 이 모든 대담한 주장들은 올랭프 드 구주라는 이름의 여성에게 수많은 적들을 끌어모은다. 더구나 그녀는 노예제도에 대한 의견까지 내놓았다. 이 점에서도 그녀는 미국에서 흑인과 여성의 투쟁을 결합하게 될 페미니즘의 선구자 같은 모습을 보였다.

여성의 권리 선언만으로도 역사에 그녀의 자리를 보장하기에 충분한데, 저자는 이 선언의 서문에서 차분하게도 거만한 태도를 보인다. 그만큼 자기 시각이 올바름을 의심하지 않았던 것이다.

남자여, 그대는 정의로울 능력이 있는가? 이 질문을 그대에게 던지는 건 여자다. 적어도 이 권리만큼은 여자에게서 빼앗지 말아 달라.

말해보라. 내 성性을 억압하는 지상 최고의 권한을 누가 그대에게 주었는가? 그대의 힘인가? 그대의 재능인가? 창조주의 지혜를 살피고 자연을 훑어보라. 그런 다음 이렇게 전제적인 제국의 예를 들 수 있으면 내게 얘기해달라. (…)

이런 예외의 원칙을 꼴사납게 걸친 건 오직 인간뿐이다. 이상하고, 눈멀고, 학식으로 잔뜩 겉멋이 들고, 퇴보했으며, 이 빛과 통찰력의 세기에, 더없이 지독한 무지 속에서 모든 지적 능력을 갖춘 성性을 전제군주로서 지휘하려 든다. 혁명을 향유하고 평등권의 권리들을 주장하면서 그 이상은 결코 말하지 않는다. (…)

국민을 대표하는 어머니, 딸, 누이 들은 국민의회의 일원이 되기를 요구한다. 그들은 여성의 권리에 대한 무지, 망각 또는 멸시가 공공의 불행과 정부 부패의 유일한 원인들이라고 간주하고서, 침해할 수 없고 성스러운 여성의 천부적 권리들을 엄숙한 선언서에 진술하기로 결의하였다.

모든 여성이 굳게 결속되어 있으며 공통의 관심사를 가졌고, 그 주된 관심사는 "여성의 천부적 권리들의 실천인데, 그걸 가로막는 건 남성이 가하는 항구적인 압정"뿐이라는 점을 강조하기 위해 마리 앙투아네트 왕비에게 헌정된 이 텍스트엔 온갖 주제를 논급한 17조항이 이어진다.

그녀가 보기에 모든 남녀 시민은 평등하므로 "덕성과 재능 이외의 어떠한 차별도 없이 (…) 모든 공적인 직위와 직무를 맡을 수 있어야" 마땅하다.

이 근본적 평등을 어길 경우 법 앞에 서야 마땅하다. 마찬가지로 이 평등은 여성을 공공 지출과 부역과 힘든 노동에도 참여시킨다.

올랭프 드 구주의 문체를 흔히들 모호하다거나 천진하다거나 또는 서투르다고 규정했다. 하지만 그녀의 선언서만 읽어봐도 오히려 그녀가 구체적인 측면을 결코 소홀히 하지 않았으며, 종종 미소 짓게 할 만큼 꼼꼼한 감각으로 대담한 생각과 표현의 재능을 결합할 줄 알았다는 걸 확인할 수 있다.

아주 차분하고 명료한 어조로 표현된 이 선동적인 주장들과 비교해볼 때 다른 페미니스트 선언들은 이후 오랫동안 서툴거나 소심해 보일 것이며, 그런 만큼 입법자들의 관심을 더 끌지 못할 것이다.

대단히 온건한 태도를 보인 에타 팜 더엘더스의 「프랑스 여성들에게 보내는 호소문」은 몇 가지 법적 권리밖에 주장하지 않는데도 시기상조에다 불손한 것으로 여겨진다. 그리고 그녀에겐 "극단적인 민주주의자"라는 별명이 붙게 된다!

"베르사유의 독살스런 여자"라는 별명이 붙고 "거의 테루아뉴 드 메리쿠르만큼이나 잔인하다"라고 비난받은 클레르 라콩브의 연설에 1789년에 사람들이 보인 반응도 마찬가지였다. 두 여성 가운데 어느 쪽도 베르사유 폭동에 가담하지 않은 것이 밝혀졌는데도.

여성 권리 선언은 몇몇 개별적인 반응 말고는 총체적인 무관심 속에 떨어졌다. 남자들은 무시했다. 여자들은 신중하게 침묵을 지키는 편을 택했다. 아주 대담한 여성들에게는 혁명가들 편에 서 그 그늘에서 활동하는 것이 그들이 할 수 있는 최선처럼 보였다. 혁명 속에서 두 번째 혁명을 시도하기란 무분별하고 완전히 허황된 일처럼 보였다. 게다가 슬프게도 역사는 그들의 손을 들어주었다. 1792년에 가서야 입법의회1791.10~1792.9, 국민공회 직전 부르주아 중심의 혁명기 의회는 마지막 회기에 여성들에게 시민권의 평등을 허용하고, 이혼을 합법화한다. 시행 첫해에 아내의 요구에 따라 선고된 이혼 건수로 판단해 볼 때 무엇보다 여성들의 바람을 들어준 조처였다. 4000건의 요청 가운데 거의 4분의 3이나 되었다!

파리의 관습법이 남편의 절대적 권리에 어떤 예외도 고려하지 않았다는 점을 기억해야 한다. 여성의 불륜 행위는 단 한 번 범해졌을지라도 시민으로서의 죽음을 초래했다. 죄인은 삭발당한 채 무기징역에 처해졌으며, 죄인의 지참금과 수입은 남편에게 넘어갔다. 반면 남편은 언제라도 부부의 거주지에 첩을 데려와 살게 할 수 있었다.

정치적 권리는 로베스피에르가 입헌의회에서 제2의 성에게도 그걸 누리게 할 의향을 언급했지만 거의 만장일치로 즉각 기각되었다.

이 4년 동안 아주 적은 수의 여성만이 용기 내어 올랭프 드 구주와 합세해 압제를 고발했는데, 제국과 나폴레옹법전이 등장하면서 억압은 더 거세져 여성들을 한 세기 이상 엄격한 법의 굴레 속에 가두게 될 것이다. 다른 모든 자유가 종속된 자유를 주장한 여성은 몇 되지 않았다. 교육의 권리 말이다. 1792년에 테루아뉴 드 메리쿠르는 이렇게 주장했다. "여성들은 남성들의 무시와 오만과 불의가 오래전부터 그들을 굴종 상태로 붙들고 있는 수치스러운 무용성에서 빠져나올 때가 되었습니다." 하지만 어느 누구도 감히 평등을 얘기하지 않았기에 올랭프 드 구주는 자매들의 총체적 의식 부재를 여러 차례 탄식했다.

> 여자들은 여자이고 싶어하며, 여자들에게 그들 자신보다 더 큰 적은 없습니다. 여자의 훌륭한 행위에, 저술에 박수갈채를 보내는 여자들을 보기란 드뭅니다. 남자처럼 생각하는 여자도 드물지만 더러 있습니다. 그러나 불행히도 대다수는 매몰차게 힘 있는 쪽

> 에 합세합니다. (…) 그러니 참으로 사랑하는 나의 자매들이여, 우리끼리는 우리 결점들에 조금 더 너그럽고, 서로 결점들을 덮어주고, 우리 성을 위해 조금 더 일관성 있는 태도를 보이려고 애써야 할 것입니다.

50년 뒤에 푸리에가 하듯이 그녀는 한 국가의 발전과 번영을 여성의 성장과 여성이 사회적·문화적 삶에 참여하는 정도와 연결 짓는 혜안을 보인다.

하지만 여성들이 결집하는 법, 나아가 남성들의 결속을 깨뜨리고 특별한 투쟁을 이끄는 법을 배우기에는 아직 너무 일렀다.

게다가 남자들 곁에서 영광스러운 봉기의 열광적인 시간을 보내고 난 뒤 대부분의 여성들은 몇몇 단명한 단체 말고는 모든 조직적인 활동을 포기해야 했다. 그런 단체에 올랭프 드 구주는 거의 가담하지 않았다. 그녀는 무엇보다 이론가였고 개인주의자였다. 더구나 그 모든 여성 단체의 추방이 곧 실시되었다. 1793년 10월에 국민공회가 여성의 모든 집회를 금지했기 때문이다. 혁명력 3년 목월혁명력 아홉 번째 달로 5월 20일~6월 18일에 해당 4일에 "모든 여성은 다른 명령이 있을 때까지 각자의 거주지로 철수할 것이다. 현 법령이 개시되고 한 시간 뒤 거리에서 다섯 명 이상의 여성이 발견될 경우 강제 해산될 것이다."

단체 금지를 정당화하기 위해 국민공회의 의원인 아마르는 상기한다. "남자는 강하며 예술적 재능을 갖고 현명하게 태어난다. 반면에 여자는 지적인 개념이나 진지한 명상 능력을 갖추지 못해"■ 집안 살림과 자녀 교육을 맡도록 만들어졌다.

국회의원 랑쥐네는 여성이 이미 모든 정치적 권리를 박탈당했음에도 정치적 범죄로 단죄할 교묘한 조항을 만들어 투표에 부쳤다! 여자들을 가정으로 돌려보내더니 이제는 집회 토론에 참여하는 것조차 금지한 것이다. 이것이야말로 혁명기 여성들의 가장 큰 패배였다.

모든 집단적 성찰의 기미조차 질식시키는 이 억압은 올랭프 드 구주에게 정신적인 후계자가 없으며, 누구도 그녀의 생각이나 회고록을 옹호하지 않았다는 사실을 어느 정도는 설명해준다. 일부 페미니스트 주장들을 제 방식으로 계승한 생시몽주의도 여성의 선거권, 고위직과 공직 진출 문제는 완전히 "잊는다". 100년 뒤 몇몇 독자적인 여성들만이 이 깃발을 주워 들 것이다. 이를테면 위베르틴 오클레르1848~1914, 여성 참정권 운동가가 1880년에 한 유명한 선언은 여성 권리 선언의 제4조항을 응용한 것일 뿐이다. "내 돈의 용도를 통제할 권리가 내게 없으니 더는 내 돈을 내놓지 않겠다. 내게 권리가 없으므로 의무도 지지 않겠다."

그러자 센 지역 주지사는 이렇게 응수했다.

"모든 프랑스인은 과세 대상이다."

■ 폴 마리 뒤에, 『혁명 속의 여성들, 1789~1794』, 에디시옹 쥘리아르, 1979.

"프랑스인이라는 말이 권리 앞에서는 프랑스 여성을 의미하지 않으므로 세금 앞에서도 프랑스 여성은 프랑스인을 의미하지 않는다. 나는 투표를 하지 않는다! 세금도 내지 않겠다!"

떠들썩한 논쟁이 이어져 여론은 들끓었고, 고집 센 위베르틴 오클레르를 최고행정재판소로 이끌었다. 재판소는 물론 그녀의 잘못으로 판결했다. 하지만 그녀는 공공연한 불의에 대중이 관심을 갖게 만들었다.

공적인 역할을 할 아무런 희망이 없자 올랭프 드 구주는 대중 시위에라도 참여하고 싶어했다. 그저 "민중이 활동적인 여성 시민을 보는 데 익숙해지도록" 하기 위해서라도. 오늘날 같으면 아마도 이렇게 말할 것이다. 여성의 새로운 이미지를 제시하기 위해서라고. 그녀는 당시 체제가 무척이나 좋아한 공식 행사들에 참여할 권리를 주장한다.

에탕프Étampes에서 종자 부족으로 일어난 소요 때 시장 시모노가 극도로 흥분한 군중에 살해당했다. 1792년 5월 국회는 이 순직자를 위해 국장을 치르기로 결정했고, 그러자 올랭프 드 구주는 이 의식에 참여하기 위해 국회 방청석에서 발언한다.

로마 여성들을 본받아 프랑스 여성들은 철학으로 준비되고 온갖 덕성의 세기가 될 이 자유의 세기에 프랑스 영웅들에게 조국이 수여하는 왕관을 드리고 싶습니다. (…) 우리에게 명예의 장벽을 열어주십시오. 그러면 우리가 모든 덕목의 길을 보여드리겠습니다.

의원들과 당시 신문들은 만장일치로 이 발의를 높이 평가했다. 극단적인 자코뱅 당원들만이 분개했다. "여자들이 이렇게 남자들에게, 특히나 입법자들에게 자기표현 하는 걸 듣는 건 난생처음이다." 그들은 남성의 주도권을 보장하고 모든 권력으로부터 여성을 떼어놓는 데 그토록 오랫동안 사용되어온 원칙을 상기했다. "여자들의 가장 큰 영예는 조용히 겸손의 베일을 쓰고 은거지의 그늘에서 그들 성별의 덕성을 가꾸는 데 있다. 남자들에게 길을 가리키는 건 여자들이 할 일이 아니다."

여성 행진은 성공적이었다. 행진을 빛내기 위해 올랭프 드 구주는 기부 접수 창구를 열었고, 의식을 후원하는 데 마리 앙투아네트를 초대했다. 왕비는 자신에게 여성 권리 선언을 헌정한 이 대담한 여성의 개성에 흥미가 동해 초대에 응했다. 『구출된 프랑스 또는 권좌 잃은 전제군주la France sauvée ou le Tyran détrôné』라는 작품에서 올랭프 드 구주는 유머와 평소의 천진함을 드러내며 궁정 방문을 얘기하고, 건방진 랑발 공주에게 준 교훈을 상기한다.

이 접촉 이후로 올랭프 드 구주에게 왕실의 대의에 은밀히 묶어둘 수 있을 연금이나 직책을 제공하려는 교섭이 왕비의 밀사들을 통해 이루어진 것으로 보인다. 하지만 더 유명하고 더 부유한 다른 사람들과는 반대로(이를테면 미라보나 당통) 올랭프 드 구주는 늘 이 제안을 물리쳤다.

그녀는 여성 대표단을 법 축제에도 이끌고 갔으며, 그녀가 이끈 행렬이 "마치 국립 처녀 합창단처럼 기괴하고 우스꽝스러운 차림으로" 흰 드레스를 입고 참나무 왕관을 쓴 채 행진했다고 자코뱅 당 기관지는 빈정거렸다.

사제 부용은 연민을 가장했다. "참으로 어리석고, 참으로 늙고, 참으로 추하고, 참으로 정신 나간, 가련한 여자 구주 부인에게 악의를 품지 말아야 합니다. (…) 저 가련한 여자는 그녀를 길 잃게 만든 남자들보다는 용서받을 만합니다."

또 다른 기자는 페티옹 의원이 조직한 7월 14일 행진 후에 다음과 같은 해설로 적어도 올랭프 드 구주가 관심을 끄는 데는 성공했다고 말했다. "드 구주 부인이 페티옹 행렬에 참가했다. 사람들의 환심을 사려는 그녀의 갖가지 수단이 삼색기 휘장을 달았다. (…) 그녀는 바스티유 승리자들과 함께 걸었고, 그녀의 애국주의 향기가 반경 1리외약 4킬로미터에 해당하는 옛 거리 단위까지 풍겼다!"

훗날 몇몇 전기 작가들이 주장하게 될 사실과 달리 올랭프 드 구주는 전혀 머리가 희끗희끗하지도 않았고 시들지도 않았다. 더구나 사람들은 그녀가 연극배우 탈마와 지롱드 당원들, 특히 그녀가 열정적으로 존경한 베르니노, 그리고 잘생긴 에로 드 세셸과 자주 어울린다는 이유로 여전히 이성에게 인기가 많다고 생각했다. 하지만 그녀는 이젠 오직 공화국을 위해서만 가슴 떨릴 뿐이라고 단언했다.

> 근엄한 체하는 사람들이 (…) 입헌의회와 입법의회, 그리고 국민공회의 여러 연인을 내게 지정해주었다. 물론 내가 몇 차례 정복은 할 수 있었지만 단언컨대 어떤 의원도 나를 정복하지는 못했다. 이건 고결한 덕성을 내세우려고 하는 말이 아니다. 물론 그런 덕성이 내게 대단히 어울릴 수 있다고는 생각하지만. 다만 내게 어울릴 만한 남자가 보이지 않았을 뿐이다. (…)

조심성 따윈(겸손 또한) 아랑곳 않고 올랭프 드 구주는 계속 자신을 드러냈고, 그녀를 향한 공격은 곧 조롱에서 모욕으로 바뀌었다.

1792년 8월, 혁명은 급변했다. 10일에 군주제가 무너졌고, 그달 말에 기요탱 박사의 발명품인 단두대가 작동하기 시작했다.

지롱드 당원들의 반대에도 1792년 12월 루이 16세의 재판이 열렸는데, 다시 한 번 올랭프 드 구주는 주저 없이 여론에 맞섰다. 그녀는 왕의 처형에 반대하는 성명서를 의회에 보냈고, 평소 기질대로 맹렬하게 왕의 수호자를 자처하고 나섰다! “왕관 쓴 괴물을 옹호하는” 그녀의 성명서를 국회 비서가 읽자 천둥 같은 항의가 일었다.

시민 의장님,

프랑스 마지막 왕의 재판에 전 세계의 이목이 쏠려 있습니다. (…) 저는 용기 있는 말레르브의 뒤를 이어 루이의 옹호자로 나섭니다. 제 성별은 잠시 제쳐둡시다. 영웅적 행위와 너그러움은 여성들도 공유하는 것이며, 혁명이 그 예를 여럿 보여주고 있습니다. (…) 저는 루이가 왕으로는 부적절하다고 생각합니다. 하지만 이 추방된 지위를 벗은 그는 더는 공화국의 눈에 죄인이 아닙니다. 그는 나약했고 속았습니다. 그는 우리를 속였고, 자신도 속였습니다. 이 단 두 마디 말이 그의 재판입니다.

마지막 루이가 그의 형제들이나 아들보다 공화국에 더 위험한 존재입니까? 그의 형제들은 아직도 외국 세력과 동맹을 맺고 있습니다. 루이 카페[루이 16세]의 아들은 무고하니 그의 아버지가 죽은 뒤에도 살아남을 테지요. (…)

왕을 죽이려면 그의 머리를 자르는 것으로 충분하지 않습니다. 그렇게 죽더라도 왕은 오래도록 살아 있습니다. 그러나 왕이 참으로 죽는 건 실각하고도 살아남을 때입니다.

폭력적이지 않은 올랭프 드 구주는 이미 동료 시민들에게 과도한 폭력을 경계하도록 촉구한 바 있는데, 그녀가 종종 잘 쓰는 멋진 경구로 이렇게 표현했다.

비록 죄인들의 피일지라도 잔혹하고 과도하게 흐른 피는 영원히 혁명을 더럽힙니다.

탁월한 정치 감각을 지닌 그녀는 추락한 왕권을 유지하려고 고집하는 입법의회의 오류에 대해서도 이미 항의한 바 있다.

의회가 전제군주들을 타락시키고 보존했다! 그래서 괴물 같은 정부가 탄생한 것이다.

이 온건한 태도, 이 사형 반대는 그녀 자신의 재판 때 그녀에게 불리하게 작용해 사형선고를 내리는 데 기여하게 된다.

그러기 전까지 사람들은 그녀를 "왕당파"라고 모독했다. 그리고 이 모욕은 폭력으로 발전했다. 어느 날 저녁, 군중이 그녀 집 창문 아래 모여 야유를 퍼부었다. 그러자 그녀의 성격을 잘 드러내주는 대표적인 일화가 벌어졌다. 그녀는 숨어 있지 않고 거리로 내려와 군중과 마주했다. 사람들은 그녀에게 "상퀼로트[귀족들이 입는 퀼로트(반바지)를 입지 않은 사람들을 가리키는 말로 프랑스혁명기의 무산층을 말한다]들을 위해 바지나 뜨개질하라"라고 외쳤다. 사람들이 그녀에게 욕설을 퍼붓는 가운데 한 남자가 그녀의 드레스를 반쯤 찢고 머리 베일을 벗겨 머리카락을 잡아채며 말했다.

"구주 부인의 머리를 24솔[17, 18세기 화폐단위. 1리브르는 20솔, 1솔은 12드니에에 해당]에 내놓겠소. 누가 사겠습니까? 24솔이오!"

그러자 올랭프 드 구주는 올림푸스 여신처럼 위풍당당하고 차분하게 대답했다.

"이보시오 친구, 내가 30수18세기에 화폐단위 '솔'이 '수'로 바뀌기 때문에 혼용되고 있다를 걸 테니 우선권을 내놓으시죠."

그녀는 사람들을 웃게 만들어 자기편으로 돌려놓고 이때는 잘 빠져나왔다.

루이 16세 처형이 있기 일주일 전인 1월 23일, 테아트르 드 라 레퓌블리크에서는 올랭프 드 구주의 애국적인 새 작품이 공연되었다. 행진과 선언과 예찬의 피날레로 구성된 『뒤무리에의 브뤼셀 입성l'Entrée de Dumouriez à Bruxelles』이었다. 신문과 국민공회를 향해 호소하는 이 작품은 열광적인 기사 몇 편을 거두었다. 〈주르날 드 파리〉는 이렇게까지 선언했다. "『뒤무리에의 브뤼셀 입성』은 작가가 전제군주들에 대해 품는 증오를 보여주는 새로운 증거다. (…) 이 작품은 셰익스피어풍이다. (…) 영국 연극 작품을 읽은 이들은 올랭프 드 구주와 그녀의 모델 사이에 닮은 점을 여럿 발견하게 될 것이다. 한 여성이 벨기에의 혁명과 아직 쇄신되어야 할 모든 민족의 혁명을 촉구할 목적으로 나흘 만에 구상하고 만든 작품에 찬사를 보내야 마땅할 것이다."

하지만 올랭프 드 구주는 운이 나빴다. 한 달 뒤, 그녀의 주인공 뒤무리에가 배반한 것이다. 공화국 군대는 라인 강과 벨기에에서 패배했고, 방데 봉기가 일어났다. 그녀의 친구들은 소수파가 되었다. 반란위원회는 지롱드 당 의원 27명의 체포를 주장했다. 매일 법정에 출석한 올랭프 드 구주는 친구들 변호에 개입하고 싶어 안달했다. 하지만 여성들이 박수갈채나 야유를 보내는 것이 이제는 허용되지 않았다! 그러자 그녀는 파리에 점점 더 많은 벽보를 게시했다. 이것이 산악당원들의 분노를 샀다. 그들은 그녀를 '교정'하기로 결의하고, 대중 앞에서 그녀의 속옷을 벗기고 볼기를 치려고 매복했다. 이건 당시 여성들에게 꽤 흔히 적용되던 관행이었다. 두 달 뒤, 테루아뉴 드 메리쿠르가 웃음과 환호가 쏟아지는 가운데 거리에서 볼기를 맞는다. 그리고 그녀는 이성을 잃고 살페트리에르 정신병원에 갇혀 10년 뒤 광기 속에서 세상을 떠난다.

올랭프 드 구주는 가게 뒷방에 피신함으로써 몽둥이를 든 추격자들을 겨우 피했다. 국민군들을 불러 주동자를 체포하게 했지만 주동자는 곧 풀려났다.

이 사건도 그녀의 열정을 누그러뜨리지는 못했다. 그녀는 정치 저작들을 출간했고, 『정치적 유언Testament politique』에서는 자살하는 사람의 용기를 보이며 체포되었거나 추방당한 친구들을 변호했다. 그녀는 썼다.

> 나는 모든 걸 내다보았다. 내 죽음이 피할 길 없다는 걸 안다.

이런 전망도 그녀를 주눅 들게 하지는 못한 모양이었다. 그녀는 용감하게 평소 때처럼 최악의 상황을 준비했다.

> 내 심장은 조국에, 나의 청렴은 그것이 필요한 남자들에게 남기겠다. 나의 영혼은 여성들에게 남기려는데 그들에게 하찮은 선물을 하는 것이 아니다. 나의 창조적 재능은 극작가들에게 남기니 그들에게 무용하지 않을 것이다. 특히 나의 극 논리는 저명한 셰니에에게 남기겠다. 나의 무사무욕은 야심가들에게, 나의 철학은 박해받는 사람들에게, 나의 종교는 무신론자들에게, 나의 진솔한 쾌활함은 초로기의 여성들에게 남긴다. 그리고 정직한 재산에서 내게 남은 모든 찌꺼기들은 나의 천부적 상속인인 내 아들에게 남긴다. 그 아이가 내가 죽고도 살아남는다면.

마치 상황을 더 악화시키려는 듯이 그녀는 몇 달 전에 올랭프Olympe의 철자를 바꾸어 만든 폴림Polyme이라는 이름으로 서명한 게시물을 파리 곳곳에 붙이며 공포정치의 주역들인 로베스피에르와 마라에 격렬하게 맞섰다.

> 로베스피에르, 그대는 마치 자신이 혁명의 유일한 주역인 것처럼 말하고 있다! 그대는 한낱 혁명의 치욕이자 저주였을 뿐이고, 지금도 그렇고 영원히 그럴 것이다. (…) 그대의 머리카락 한 가닥 한 가닥이 범죄를 품고 있다. (…) 그대는 무엇을 원하는가? 무엇을 주장하는가? 누구에게 복수를 하려는가? 어떤 피가 아직도

고픈가? 민중의 피인가?

(…) 그대는 마지막 루이가 합법적으로 재판받는 걸 가로막으려고 그를 살해하고 싶어한다. 그리고 페티옹을, 롤랑을, 베르니오를, 콩도르세를, 루베를, 브리소를, 라수르스를, 가데를, 장소네를, 에로 드 세셀을, 한마디로 혁명의 모든 횃불들을 살해하고 싶어한다. (…)

이보다 더 정확한 발언은 없었다. 왜냐하면 루베만 예외였을 뿐 그녀가 언급한 지롱드 당원 모두가 그해에 단두대에서 처형되었기 때문이다.

상황이 견딜 수 없을 만큼 힘들어지자 올랭프 드 구주는 처음으로 정세와 거리를 둘 생각을 했다. 마침내 자연에 대한 루소적인 사랑을 채우려고 그녀는 투렌에 작은 집 한 채를 샀다. 하지만 그걸 누릴 행복을 맛보지는 못한다. 도무지 바뀔 수 없는 그녀는 떠나기 전에 새 게시물 「세 개의 투표함 또는 조국의 안녕les Trois Urnes ou le Salut de la Patrie」을 준비했다. 이것이 이번에는 그녀에게 죽음을 불렀다. 이 글에서 그녀는 민중의 대표들에게 대립을 끝내라고 명했다.

당신네들의 분열에 귀족들이 환호하고 있다. 공연장 복도에서 그들이 이렇게 말하는 걸 내 귀로 똑똑히 들었다. 우리 상황이 나아지고 있네. 국민공회의 망나니들이 합의를 못 하고 있어. 우리의 승리가 확실해!

그녀는 무엇보다 각 지방이 통치방법을 선택할 수 있게 하라고 요구했고, 자신은 연방정부에 찬성한다고 선언했다.

이 벽보를 게시할 겨를도 없이 그녀는 인쇄업자의 고발로 1793년 7월에 체포되었고, 공안위원회의 명령에 따라 격리되었다가 경찰 한 명이 밤낮으로 감시하는 골방에 갇혔다. 그들이 그녀의 집을 수색하고도 아무것도 찾지 못하자 올랭프 드 구주는 두 층 위의 자기 사무실을 일러주었다. 자신의 글이 변호해주리라고 믿었던 것이다. 하지만 로베스피에르는 그녀의 입을 영원히 다물게 하기로 결정했다.

그녀는 생제르맹데프레의 수도원 감옥에서 대단히 혹독한 조건을 견디며 석 달을 보냈다. 심문 동안 푸키에 탱빌은 지난 3월 29일부터 법에 따라 글로써 유일불가분의 국가 이외의 다른 정부를 제안하는 자는 누구든 사형에 처한다고 그녀에게 선언했다. 그런데 「세 개의 투표함 또는 조국의 안녕」에서 올랭프 드 구주는 지롱드 당의 지방분권 견해를 지지했다.

그녀는 몇 달 전에 루이 16세를 변호하겠다고 나섰던 트롱송 뒤쿠드레를 변호사로 선임했다. 그리고 친구들과 여론에 호소했다. 아무도 그녀를 도우러 오지 않았다. 그녀의 친구들은 죽었거나 도주했고, 그녀의 아들은 자신의 군 경력을 위험에 빠뜨리지 않으려고(그는 막 소대장 계급을 달았다) 어머니를 부인했다. 그녀는 넘어져서 다쳤지만 필요한 치료를 거절당했다. 그럼에도 그녀는 "사상의 자유는 시민의 가장 소중한 재산이기에" "인권선언에 위배되는 압제적인" 체포와 치욕스러운 수감 조건들을 고발하는 벽보를 감옥 밖으로 내보내는 데 성공했다.

그러자 그녀는 '요양소'로 이송되었고, 다시 용기를 얻었다. 하지만 부유한 수감자들이 푸키에 탱빌의 눈을 피해 숨는 그 유명한 벨롬 요양소처럼 그곳의 하루 체류 가격은 터무니없이 비쌌다. 가진 보석을 희생하고도 올랭프 드 구주는 자신이 그곳에 오래 머물지 못하리라는 걸 알았다. 맹목적일 정도로 낙천적인 그녀는 훗날 아들에게 이렇게 쓴다.

> 내 집처럼 자유로웠단다. 탈출할 수도 있었을 텐데 (…) 하지만 나를 파멸시키려는 온갖 적의가 한데 모여도 나한테서 혁명에 반하는 단 한 가지 행보도 찾지 못할 거다. 난 나를 심판해달라고 스스로 요구했단다. (…)

실제로 28일에 푸키에 탱빌은 "여성 드 구주"를 죽음의 대기실인 파리 고등법원 부속 감옥으로 이송했다. 마리 앙투아네트가 단두대에서 목이 잘린 직후였다. 21명의 지롱드 당원도 그 뒤를 이을 참이었다. 11월 2일, 병들고 지친 그녀가 법정에 출두했다. 재판장은 로베스피에르의 충복인 에르망이었다. "피고는 스스로 변호할 만큼 정신이 말짱하다!" 그녀는 이런 극적인 상황에서는 "대중에게 말하는 수완을 제대로 발휘하지 못할 것"이라고 느꼈고 "장 자크 루소와 닮았지만 그의 덕목에서 나의 부족함을 느낀다"라고 말했다.

그녀는 자기 이름과 나이를 말하면서 여전히 나이를 젊게 속인다. 마흔다섯 살인데 서른아홉 살이라고 말한 것이다!

증인들의 말에 따르면 그 뒤 그녀는 "당당하고 품위 있는 태도로" 공소장 낭독을 들었다고 한다.

"혁명 2년차인 1793년 3월 10일 국민공회의 법령에 따라 파리에 마련된 임시 법정의 검사 앙투안, 캉탱, 푸키에 탱빌은 온 국민이 표명한 바람을 거스르고 법에 위배되는 저작을 쓴 피고 미망인 오브리 마리 올랭프 드 구주를 수도원 구치소로 소환하라는 명령을 내렸다.

(…) 피고의 작품들을 검토하고 심문한 결과 이하의 결론이 도출되었다. 올랭프 드 구주는 프랑스 국민 다수가 표명한 바람에 어긋나는 다른 형태의 정부를 제안하는 자에게 적용되는 법을 어기고, 애국적인 글을 쓰는 자가 거부해야 마땅하고 민중의 주권에 위배되는 것으로 간주될 수 있는 저작들을 쓰고 출판했다.

이 저서의 저자는 공공연하게 내전을 선동하고 시민들이 서로 맞서 무장하도록 획책하고 있다.

이 여성이 모든 저서에서 누구보다 열렬한 민중의 동료들을, 누구보다 용감한 민중의 지지자들을 비방한다는 사실이 확인된 이상 그 불온한 의도가 명백히 판단된다.

문제의 저서에서는 이 여성이 이미 쓴 글에서 군주제가 프랑스 정신에 가장 적합한 정부로 보인다고 털어놓았듯이 왕정 복권의 선동을 확인할 수 있을 뿐이다.

이상의 논고에 따라 본 검사는 마리 구즈Gouze가 악의적이고 고의적으로 민중의 주권을 침해하고 유일불가분의 공화국 정부에 위배되는 글을 쓴 사실에 이 공소장을 작성했다. 피고는 '세 개의 투표함 또는 조국의 안녕'이라는 제목의 이 저서를 몇 부 배포했으며, 배포 도중에 긴급체포되었다. 피고는 방데군에 사령부 장교로 고용된 아들에게도 이 저서를 보냈다. 다른 저서들, 특히 『구출된 프랑스 또는 권좌 잃은 전제군주』에서도 헌법에 토대한 정부 권력의 품위를 손상시키고, 민중과 자유의 수호자들을 비방했다. (…)"

이 기소장에 그녀는 홀로 응대했다. 그녀의 변호사가 이 소송을 맡기를 거부했기 때문이다. 이때도 그녀를 이끈 건 조심성이 아니었다.

죄진 자를 떨게 하고, 무고한 사람조차 벌벌 떨게 만드는 무시무시한 법정이여, 내게 죄가 있다면 엄중하게 심판하기를 바란다. 하지만 진실에 귀를 기울여달라.

무지와 악의가 마침내 그대 앞에 나를 소환했다. 나는 이런 물의를 꾀하지 않았다. 어둠 속에서 민중의 대의에 봉사하는 것에 만족한 채 나는 자부심을 갖고 겸허하게 오직 후대만이 조국에 참으로 기여한 사람들에게 내려줄 수 있는 특별한 왕관을 기다려왔다.

(…) 프랑스를 분열시킨 당들과 체제들과 음모의 적인 (…) 나는 오직 내 눈으로만 보았고, 오직 내 영혼의 말만 듣고 내 나라에 봉사했다. 어리석은 자들에 용감히 맞섰고 악인들에게 돌을 던졌으며 전 재산을 혁명에 바쳤다.

(…) 로베스피에르는 언제나 내게 재능 없고 영혼 없는 야심가로 보였다. 나는 그가 독재에 이르기 위해 국민 전체를 희생시킬 준비가 되어 있는 사람이라고 보았다. 그 피비린내 나는 광적인 야심을 두고 볼 수가 없어 나는 전제군주들을 뒤쫓듯이 그의 뒤를 쫓았다. (…)

프랑스인들은 아마도 내가 조국을 위해 위대하고 유용한 일을 했음을 잊지 않았을 것이다. 나는 오래전부터 조국을 위협하는 임박한 위기를 알아보았고, 새로운 노력으로 조국에 봉사하려 했다. 격문에 실은 세 개의 투표함 계획이 내게는 조국을 구할 유일한 방법으로 보였는데, 이 계획이 바로 내 구금의 구실이다.

(…) 한 달째 나는 갇혀 있다. 혁명법정에 보내지기도 전에 나는 이미 로베스피에르의 최고법원이 내린 판결을 받았고, 일주일 후에 단두대에서 목이 잘리기로 결정되었다. 나의 무고함, 나의 힘, 내 구금의 잔혹성은 아마도 이 피의 밀담에 새롭게 생각할 거리를 안겼을 것이다. 그는 나 같은 사람을 기소하기가 어렵다는

걸, 그래서 이 같은 테러 혐의를 벗기가 어려우리라는 걸 느꼈을 것이다. 그래서 나를 미친 여자로 만드는 것이 더 자연스러운 일이라고 생각했을 것이다. 미쳤건 아니면 분별 있건 나는 내 나라를 위하는 일을 단 한 순간도 그만둔 적이 없다.

(…) 그리고 너, 어떤 운명을 살게 될지 알 수 없는 내 아들아, 참된 공화주의자로서 너를 자랑으로 여기는 네 어미에게 오너라. 저들이 네 어미에게 가한 불공정한 대접에 분개하거라. (…) 네가 적의 술수에 쓰러지지 않는다면, 내 눈물을 닦아주도록 네 운명이 너를 지켜준다면, 네 어미의 박해자들에게 피해자가 당한 대로 똑같이 갚아주는 법을 요구하거라.

한 가지 점에서는 그녀가 틀리지 않았다. 그녀의 사형 판결에 이미 서명이 되었다는 사실이다. 그들은 몇 마디 말로 그 사실을 그녀에게 알렸다.

"미망인 오브리, 마리 구즈가 1792년 10월 10일에 왕좌와 폭군을 전복했고, 군대와 용감하게 맞섰으며, 전제군주의 술책을 좌절시켰고, 4년 동안 최고의 희생을 바쳐온 이들에게 루이 카페 왕조가 여전히 통치한다고 말하는 걸 격분하지 않고는 들을 수가 없으니 (…) 이런 이유로 법정은 해당 피고, 루이 오브리의 미망인인 마리 구즈에게 지난 3월 29일자 법률 제1조에 따라 사형을 언도한다. 해당 조항은 다음과 같다. 국민의 대표를 분열시키고, 왕권의 복권 또는 국민주권에 위배되는 다른 권력의 복권을 획책하는 글을 쓰거나 인쇄한 것으로 입증된 자는 사형에 처해질 것이다.

상기인 마리 구즈의 재산은 공화국에 귀속됨을 선포한다."

죽을 준비를 하고도 올랭프 드 구주는 마지막 책략을 시도했다. 그녀가 감방을 같이 쓴 스테파니 드 콜리라는 여자는 석 달 전에 사형 언도를 받았지만 임신했다고 선언하고서 사형 집행을 미루었다. 올랭프 드 구주는 요양소에서 꽤 자유로운 생활을 한 뒤 법정에서 이렇게 선언할 수 있으리라고 믿었다. "내 적들은 내 피가 흐르는 걸 볼 영광을 누리지 못할 것이다. 나는 임신했으니, 공화국에 남자 시민이나 여자 시민을 제공하게 될 것이다."

판사들 사이에서조차도 우레 같은 웃음이 쏟아졌다. 그날 당장 부인과 검사가 실시되었는데 임신인지 아닌지를 결론짓지 못했다. 임신했다 한들 기간이 얼마 되지 않아서였다.

결국 그녀가 정신력과 용기로 일부 방청객의 생각을 바꾸어놓긴 했지만 법정은 사형을 확정했다. 그녀에겐 이런 미묘한 상황에 몸을 사리고 나타나지 않은 아들에게 마지막 편지를 쓸 시간밖에 주어지지 않았다.

사랑하는 아들아, 나는 조국과 민중을 숭배하다 희생되어 죽는다. 공화주의라는 그럴듯한 가면을 쓴 조국의 적들이 나를 사형대로 인도했구나.

(…) 저 포악한 호랑이들이 법을 어기고, 곧 내 죽음에 대해 그들에게 비난을 퍼부을 이 군중의 뜻조차 어기는 판관이 되리라고 내가 생각할 수 있었겠니? 이 법적 행위가 의미를 갖는 순간부터 법은 내 지지자들과 내가 아는 모든 사람을 볼 권리를 내게 주었다. 그런데 저들이 내게서 모든 걸 가로챘단다! 나는 땅속에 묻힌 사람마냥 수위에게조차 말을 건넬 수 없었다. 법은 내게 내 배심원들을 선택할 권리도 주었지만 저들은 자정에 내게 배심원 명단을 전달했고, 이튿날 오전 7시에 병들고 허약해서 청중에게 말할 처지가 못 되는 나를 법정에 세웠다. 나는 내가 선택한 변호사를 요구했다. (…) 그가 없다고, 그가 내 변호를 맡고 싶어하지 않는다고 말하더구나. 그가 없으니 다른 변호사를 요구했단다. 저들은 내가 내 친구들을 변호할 만큼 오만하니 참석한 모든 사람의 눈에 보이는 나의 무고함을 변호할 오만도 남아 있을 거라고 말했지. 나는 변호사가 나를 위해 했을 말을 하지 않았어.

내가 국민을 위해 한 봉사와 선행들을 너도 알잖니. 스무 번이나 내 학대자들을 하얗게 질리게 했지. 저들의 악의에 맞서 나의 무고함을 드러내는 문장마다 저들은 내게 무슨 말로 대답할지 몰라 하얗게 질렸단다.

아들아, 사랑하는 아들아, 나는 죽는다. 힘없이 죽는다. 저들은 이 세기의 가장 덕성스러운 여자 때문에 온갖 법을 어겼다.

내 말을 기억하거라. 내 손목시계와 몽 드 피에테에 맡긴 보석 증서를 네 아내에게 남긴다.

잘 있거라, 아들아. 네가 이 편지를 받을 때쯤이면 나는 살아 있지 않을 거야. 저들이 네 어미에게 한 불의를 네가 바로잡아다오.

이튿날인 11월 3일 그녀는 사형수들을 실은 수레에 올랐고, 거대한 자유의 여신상이 세워져 있는 혁명 광장을 향해 가는 긴 여정이 시작되었다. 올랭프 드 구주는 관례에 따라 등 뒤로 양팔이 묶였고 목을 드러냈으며 단두대의 날이 지나는 길에 방해가 되지 않도록 머리카락을 민 모습이었다. 그녀는 긴 수감 생활로 기진맥진했지만 그녀가 지나가는 걸 보려고 좁은 길에 모여든 군중을 당당히 마주 대했다. 창문으로 그녀를 지켜본 아르노라는 한 극작가는 "그녀가 샤를로트 코르데과격파 자코뱅 당의 두 지도자 가운데 한 사람인 마라를 식칼로 찔러 살해한 여성만큼이나 아름답고 담대했다"라고 썼다. 보름 전에 마리 앙투아네트가 처형된 뒤로 단두대에 목이 잘린 여자는 없었다. 닷새 뒤는 죽기 전에 그 유명한 문장을 말할 롤랑 부인의 차례가 될 것이다. "자유여, 자유여, 그대 이름으로 얼마나 많은 범죄가 저질러지는가!"

여정 내내 올랭프 드 구주는 마지막으로 자신의 무고함을 주장하고 자신의 정치적 이상을 환기하려고 군중에게 말을 했다고 한다. 나중에 처형대 위에 섰을 때도 그녀는 인류에 대한 믿음을 여전히 간직한 채 이런 종류의 볼거리를 좋아하는 수많은 구경꾼들에게 외쳤다.

조국의 자식들이여, 내 죽음에 복수해주시오.

그녀의 목이 떨어지자 몇몇 박수갈채가 들렸지만 대체로 여자로서 올랭프 드 구주가 의연하게 죽음을 맞이했다고 인정했다.

언론과 정치인들도 역시나 의연하게 올랭프 드 구주의 작업이 가진 긍정적인 측면을 감추고, 그녀를 본보기로 삼고 따르기에는 위험한 미친 여자로 만드는 데 만장일치로 열의를 보였다.

처형 다음 날, 〈공안지〉는 추도사를 대신해 여성들에게 그들의 의무를 환기하는 데 그쳤다.

"여성들이여, 공화주의자가 되길 원하는가? 그대들의 남편과 아이들이 제 권리를 행사하도록 환기하는 법률을 사랑하고 따르고 배우라. 그들이 조국을 위해 할 수 있을 눈부신 행동들을 자랑스러워하라. 소박한 옷차림을 하고, 살림살이에 힘쓰라. 결코 말하려는 욕망을 품고 대중 집회에 끼어들지 말라."

같은 날, 쇼메트 검사는 붉은 모자를 쓴 공화주의자 여성 대표단에게 냉소적으로 말했다.

"자신이 공화국을 통치하는 데 적합하다고 믿고 파멸을 향해 달려가는 저 오만한 여자 롤랑을 떠올려보시오. (…)

저 남자 같은 여자, 여자 남자, 살림은 버려두고 정치를 하려 했고 범죄를 저지른 무분별한 올랭프 드 구주를 떠올려보시오. (…) 자기 성별의 미덕을 망각한 것이 그녀를 처형대로 이끌었습니다.

이 모든 부도덕한 존재들은 징벌하는 법의 사슬 아래 사라졌습니다. 저들을 흉내 내고 싶습니까? 아니지요! 당신들은 자연이 당신들에게 바라는 존재가 될 때만 참으로 관심받을 만하고 존중받을 만한 사람이 된다는 걸 느낄 겁니다. 우리도 여자들이 존중받기를 바랍니다. 그래서 우리는 여자들이 스스로 존중하도록 강요하는 겁니다."

마지막으로 〈르 모니퇴르 위니베르셀〉은 견해도 인격도 신경 쓰지 않고 단두대에서 처형당한 세 여성을 민족의 수치인 것처럼 공개적으로 모욕했다. 그들에게 공통점이라곤 여자라는 사실밖에 없었는데도!

"짧은 시간에 혁명법정은 여성들에게 큰 본보기를 제공했다. 그들에게는 잊지 못할 본보기가 될 것이다. 언제나 공평한 사법기관이 끊임없이 준엄함 곁에 교훈을 나란히 두기 때문이다.

마리 앙투아네트는 신의 없고 야심 많은 궁정에서 길러져 그녀 가문의 악덕들을 프랑스로 가져왔다. 그리고 남편과 자식들을, 자신을 받아준 나라를 오스트리아 가문의 야심 찬 목적에 제물로 바쳤다. (…) 그녀는 나쁜 어머니였고 방탕한 아내였으며 (…) 그녀의 이름은 후대에 영원히 혐오감을 불러일으킬 것이다.

올랭프 드 구주는 지나친 상상력을 갖고 태어나 제 광기를 본능의 영감으로 여겼다. 그녀는 정치인이 되고자 했고, 자기 성性에 걸맞은 덕성을 망각한 이 음모자를 벌한 것 같다.

큰 구상에서는 재기 넘치고, 짧은 글에서는 철학자요, 한때 여왕이었고, 모여드는 매문가들에게 야식을 제공했던 롤랑 부인은 (…) 모든 보고서로 볼 때 괴물이었다. 민중과 민중이 선택한 판사들을 대하는 그녀의 거만한 태도, 오만하고 완고한 대답, 법원에서 혁명 광장으로 가는 동안 그녀가 보인 의연함과 조롱기 어린 쾌활한 태도는 그녀가 어떤 고통의 기억에도 사로잡혀 있지 않았다는 걸 입증했다. 그녀는 어머니였지만 본능을 넘어서길 바라다가 본능을 희생했다. 학자가 되려는 욕망 때문에 그녀는 자기 성별의 덕성을 망각하기에 이르렀고, 위험한 이 망각이 결국 그녀를 처형대에서 죽게 만들었다."

죽음 앞에서 보이는 용기와 의연함, 그리고 심지어 쾌활함을 여성이 가정 밖에서 보일 때는 결점이 된다는 걸 이보다 더 명명백백하게 보여줄 수 있겠는가? 사실 속죄받을 수 없는 범죄, 죽음을 정당화한 범죄는 '정치를 논했다'는 죄였다.

쇼데를로 드 라클로1741~1804, 소설 『위험한 관계』의 저자는 여성이 끼어들지 않고는 진정한 혁명이란 없을 것이며, 사회의 변화는 여성의 용기에 달려 있다고 쓴 바 있다.

보아하니 그들의 용기만으로는 충분하지 않았다. 여성들

은 정치에 끼어들었고 그 대가를 비싸게 치렀으며, 그들이 얻어낸 몇 안 되는 특혜마저 곧 박탈당했는데, 그것도 오랫동안 박탈당했다.

그럼에도 역사상 처음이었던 공동 투쟁과 항거를 통해 여성들은 근대 페미니즘의 골조를 이뤄냈다. 그 시대 역사가들이나 연대기 작가들이 그들을 무시하거나 그들의 참여를 한낱 일화나 추문으로 축소시켰음에도 말이다.

19세기에는 노디에가 올랭프 드 구주를 "혁명의 격앙파프랑스혁명기의 급진적 사회주의 세력을 가리킴"로 분류했는데, 이것이 지배적인 견해였다. 조르주 르노트르는 프랑스 역사의 이 시기에 할애한 숱한 글에서 그녀의 이름을 단 한 번도 인용하지 않았다. 아마도 미슐레가 집단으로서 여성들이 사회 전복에 미친 중요한 역할을 부각한 유일한 인물이었을 것이다. 샤토브리앙조차도 그들을 마치 덩치 큰 남자 같은 여자들로 묘사했다. "뜨개질하던 양말을 손에 든 채 입에 거품을 물고 한꺼번에 고함쳐대는 서민 여자들"로 말이다. 이는 몽슬레와 뒤브로카의 의견이기도 했다. 그들이 보기에 정치적 삶에 끼어든 여성에겐 추함과 폭력과 상스러움이 동반될 뿐이었다.

다음 세기에도 여론은 덜 편파적이기는커녕 오히려 더 경직된다. 의학, 심리학, 정신의학은 여성들의 야심을 치료받아야 마땅할 신경증의 표출로 제시함으로써 남성 작가들과 정치인들에게 힘을 실어준다.

'혁명기의 여성들'에 관한 연구에서 군 위생부의 길루아 박사는 올랭프 드 구주의 경우에 대한 분석을 1904년에 출간하면서 이유를 따지기도 전에 그녀를 정신병 환자로 간주했다.

이 의사는 이렇게 추정했다.

"여성들 사이에서 흥미로우면서 중요한 자리를 차지한 여자들 가운데 한 사람을 그 신체적·정신적 결함과 함께 하나의 표본으로 연구하는 것보다 자연스러운 일은 없다."

그의 말에 따르면 혁명이 여성들에게 남성의 고유 속성인 자질들을 발전시키는 바람에 여자들이 병리학의 영역에 떨어지게 되었다는 것이다. 더구나 여성들의 비정상적인 행동은 텐느가 테루아뉴 드 메리쿠르와 샤를로트 코르데와 관련해 묘사했고, 그리고 정신과 의사 크라프트 에빙이 범죄학에 관한 저서에서도 묘사한 "아주 잘 알려진 질병, 즉 혁명 히스테리"에서 비롯되었다는 것이다.

길루아 박사는 올랭프 드 구주의 용기와 상상력은 인정했지만 그녀가 "과도한 독창성의 갈망과 이상한 여성해방 이념들, 무분별한 허영심 때문에 망가졌다"고 보았으며, 그것을 여성 신체 기관이 고장 난 명백한 신호라고 여겼다. 올랭프 드 구주가 "사춘기 때부터 비정상적으로 발달된 성적 본능을 드러냈을 것이고 생리 때는 대단히 양이 많았을 것이며 자주 심적 불안을 토로했을 것"이라고도 말했다! 그리고 그는 염려스러운 또 하나의 증세를 언급했다. "그녀는 매일 족욕이나 목

욕을 했는데, 이는 비정상적인 나르시시즘을 드러내준다."

그녀에게 도덕 감각은 "완전히 결핍되었고, 덕성은 텅 빈 말일 뿐이었다." 그녀가 늘 재혼을 거부했다는 것이 그 증거였다!

더구나 이 불행한 여자가 결혼이나 할 수 있었겠는가? "때 이르게 시들었고, 그렇게 남용한 만큼 매력이 빨리도 감퇴했으니 말이다."

이 일군의 학문적 관찰은 길루아 박사를 디아푸라뤼스 박사의 위엄 있는 진단으로 이끌었다. "올랭프 드 구주는 개혁망상증에 걸린 정신착란 인격으로 분류될 수 있다."(여성에게는 변화의 욕망 그 자체가 질병이라는 걸 파악하지 못할 독자들을 위해 그는 개혁망상증을 "개혁 광기"라고 명시했다.)

하지만 온 세상이 그 의미를 파악했다. 오래전부터 알고 있었다. 인권선언의 저자들까지도. 그들 머리로는 자유나 평등의 개념들이 인류의 나쁜 반쪽에 적용될 수 있다는 건 생각조차 할 수 없는 일이었다.

또한 이 반쪽이 입법자들이 지혜를 동원해 그네들을 위해 만들어준 바람이 아닌 다른 바람을 표현한다는 것도 생각조차 할 수 없는 일이었다.

마지막으로, 이 반쪽에게 할 일이라곤 없는 프랑스 역사에 자리를 남겨준다는 것도 생각조차 할 수 없는 일이었다. 그들은 이를 입증해 보였다.

그래서 사람들은 아무것도, 거의 아무것도 알지 못하게 된다. 테루아뉴 드 메리쿠르, 클레르 라콩브, 공화국 군대에 들어가 싸웠던 페르니그 자매들, 열여섯 살에 입대해 포병대 말들을 리에주와 엑스라샤펠 진지까지 이끌고 간 안 카트르솔, 또는 열다섯 명의 자식을 잃은 뒤 마흔아홉 살에 서부군에 입대한 마들렌 프티장에 대해서 말이다.■ 연대기 작가들은 이들을 잊었고, 이 여성들은 증언조차 글로 남기지 않았다. 올랭프 드 구주에 대해서는 다행히 그녀의 회고록 덕에 그렇게 말할 수가 없다.

그녀가 우리에게 남긴 글들은 때로 대단히 난삽하고 천진하거나 극단적으로 보이기도 하지만 당대의 모든 관대한 대의들을 간파하고 옹호했으며, 인권선언의 제1조항에서 단 한 단어를 바꾸는 대담한 용기를 보인 한 여성을 증언해주는 글들이다. "모든 **여성**은 자유롭고 평등한 권리를 갖고 태어난다." 이 하나의 단어는 남성들에게 던지는 도전이었다. 그것은 참으로 불순하고 참으로 혁신적이며 한마디로 혁명적인 생각, 가정의 균형과 사회의 균형을 위협하는 생각에서 나온 것이었다. 그것은 올랭프 드 구주의 동시대인 대부분의 눈에 그녀가 웃음거리로, 폭력으로 그리고 죽음으로 내몰리고 후대에 무책임한 여자로 기억되리라는 걸 정당화해주는 말이었다.

이 멋진 여장부들, 이 용감한 악녀들, 그때까지 아직 이름

■ 폴 마리 뒤에가 『혁명 속의 여성들, 1789~1794』에서 인용. 앞의 책.

을 알지 못했던 페미니즘의 열정적인 여전사들은 정의를 돌려받을 자격이 충분했다. 그들의 행위, 그들의 말 또는 그들의 저서가 그들을 위해 증언해주고 있다.

올랭프 드 구주의 정치적 글들

1788

한 여성 시민이 쓴 민중에게 보내는 편지
또는 애국 기금 계획

(…) 폐하께서는 한 여자가 총체적인 낙담에 딱한 마음이 들어 더욱 잔인해질 상황을 예감하고 감히 경고하는 걸 아마도 나쁘게 생각하지 않으실 것입니다. (…)

(…) 모든 일에서 남자들의 악의에 부딪혀 거부당하고, 저는 그저 깊은 고독 속에서 생애를 끝낼 생각을 하고, 문학을 포기할 마음으로 명예나 재산에도 무관심한 채 극작가 활동에서 저의 보잘것없는 재능이 허용하는 야심만 품고 참된 여성 시민으로서 고통을 느끼며 모든 걸 듣고 보았습니다.

오, 나를 언제나 인도해온 숭고한 진리여, 너의 빛이 비추는 내 양심을 내가 행여 배반하는 날이 온다면 내게서 글 쓰는 수단을 앗아가라.

(…) 오 민중이여, 불행한 시민들이여, 정의롭고 감수성 예민한 여자의 목소리에 귀를 기울여주십시오.

여러분은 빚만 지지 않아도 행복합니다. 여러분의 노동은 고되나 여러분의 야심은 소박합니다. 여러분은 오직 아내와 기운 없는 팔을 내미는 자식들을 먹여 살리기 위해 일할 뿐입니다. 이 혼란 속에서 여러분은 가족이 궁핍이나 고통으로 죽어가도 손을 못 쓰고 있습니다. 여러분이 허비하는 스물네 시간은 국가 재정에도 해로울 뿐 아니라 여러분의 재정에도 해로운 적자를 만들고 있습니다. 국가는 재원을 가졌지만 여러분이 가진 건 두 팔뿐입니다. 미친 짓거리에, 불침번에 팔 힘을 소모하고 나면 여러분의 노동을 다시 유용하게 만드는 데 필요한 힘과 용기는 어떻게 되찾으려는 겁니까? 여러분이 겁낼 게 어디 이것뿐입니까? 이런 광적인 기쁨에 언제나 이어지는 유혈 전투들은 어떻습니까? 권력기관을 개입시킬 수밖에 없는데, 그러면 끔찍한 도살장이 되지요.

(…) 제 혈관에 흐르는 애국의 피가 온 국민이 관심을 갖는 걸 보고 싶은 한 가지 방법을 실현하도록 부추깁니다.

그 계획을 여기 소개합니다. 오직 제 힘만으로 이걸 제안하는 겁니다. 하지만 이 방법이 실현 가능하다면 소개하는 제 능력이 부족할지라도 충분히 환영받을 테지요. 국가 부채를 변제하기에 적합하다고 생각되는 이 방법이란 무엇일까요? 자발적 세금처럼 보일 이 계획을 아마도 온 국민이 환영해줄 것입니다. 프랑스인들의 가슴에 영원히 남을 이 행동은 후대로 이어질 것이며, 왕정 실록에도 가장 특이하고 주목할 만한 행동으로 남을 것입니다.

재정의 궁핍을 바로잡기 위해, 약속을 지키기 위해 국왕은 세금을 요구합니다. 국민이 빚에 허덕이는 걸 느끼는 국회는 거부하고 있습니다. 이 요구와 거부 사이의 양자택일은 상황을 바로잡는 게 아니라 악화시키고 있습니다. 자발적 세금 (…) 국민의 이름을 건 자발적 세금으로 국민은 이름을 떨칠 것입니다. 우박이 수확기의 밭에 입힌 폐해에 사람들이 보여준 너그러운 도움의 손길이 제가 제시하려는 계획의 참된 증거입니다. 라 알 시장의 건장한 인부들부터 가장 높은 계층까지 구별 없이 올라가 프랑스인이라는 이름을 가진 모든 이들이 국가의 안녕을 위해 함께할 것입니다. 국민들이 무상으로 왕에게 내놓는 금액을 담을 금고들은 성스러울 것이며, 이 국고에 대해서는 오직 국가의 채무를 변제하기 위한 칙령만 내려질 것이며, 어떤 종류의 투자를 위해서나 어떤 이유로도 금고에서 돈을 꺼낼 수 없을 것입니다. (…)

이 기금에 시민은 자기 능력에 따라 내놓고 싶은 공물을 내놓을 것이며, 장부에 공공 금고에 낸 액수를 적고 그 아래에 이름을 적을 것입니다. 이런 대비책이면 착복을 겁낼 필요가 없습니다. 모두가 깨달을 것입니다. 모든 시민이 같은 거울로 제 모습을 비춰 볼 것이며, 이 감동적인 초상화는 프랑스의 영혼과 심장과 정신을 동시에 드러내줄 것입니다.

라 알 시장의 잡부나 몸종 여자도 자신들의 이름이 혈통 좋은 대공의 이름 옆에 나란히 자리한 걸 보며 더없는 만족감을 느낄 것입니다. 그들은 모두 말할 것입니다. 친구들이여, 우리 독주 좀 덜 마시고, 술집에 덜 가고, 매달 몇 푼씩 우리의 선한 왕에게 내줍시다. 공문서 용지도, 총 끝에 총검을 꽂은 군인조차 갖지 못한 왕은 이 애국적인 노력을 쏟는 우리에게 고마워할 것입니다. 다른 나라 국민들도 우리더러 왕을 버렸다고 비난하지 않을 것입니다. (…)

프랑스 궁정은 언제나 유럽의 으뜸 궁정이었습니다. 그 빛을 너무 퇴색시켜버리면 더는 프랑스 궁정이 아닙니다. 진짜 프랑스인이라면 누구나 이 사실을 인정할 것입니다. 왕좌가 세워진 지점에서는 왕좌를 지지해주는 것이 근본적으로 군주제 정책에 들어간다는 걸 인정할 것입니다.

제가 속한 성性이 오늘날 극단까지 몰고 간 과도한 사치도 애국 기금을 열면 멈출 것입니다. 아름답다고 이성과 조국애가 배제되는 건 아니므로 아무리 예쁜 여자들일지라도 본질적으로 여자라면 누구나 모양이 다른 열 개의 모자를 사는 대신 세련된 모자 한두 개에 만족할 것이며, 나머지 초과분은 이 기금에 보낼 것입니다.

삼부회가 어쩌면 다른 방법들을 찾아낼지도 모릅니다. 하지만 그들의 지혜가 사용할 수단이 무엇이건 그들은 한 여자의 조언을 부적절하다고 여기지 못할 것입니다. 여성들은 천부적인 가벼움에도 불구하고 종종 기발한 생각들을 해내며, 현자들이라면 그 생각들을 완전히 무시하지 않습니다. 때로 그들은 그걸 활용하기까지 하고 인정하는 미덕을 보입니다. 거들먹거리는 자, 잘난 체하는 자, 경솔한 자, 그리고 학자연하는 자들의 눈에는 여자가 사회에 무용한 존재로 보입니다. 하지만 여자들보다 더 무용한 이런 남자들의 아우성 따윈 제게 중요하지 않습니다. 제 목적은 칭찬할 만한 것이고 제 계획은 훌륭한 것이며 그 무엇도 제가 개척한 길에서 저를 벗어나게 하지 못할 것입니다. 저는 이 계획을 민중에게 제안하며, 이 계획이 부적절한지는 국회에, 삼부회에는 (…) 이 계획이 칭찬할 만한 것인지 묻습니다. 제가 비록 글은 잘 쓰지 못해도 생각은 바르게 합니다.

지나친 야심을 품었다고 저를 비난하거나 의심하는 일이 없도록 저는 제 이름을 말하지 않을 생각입니다. 제 서한이 어떤 좋은 효과라도 낸다면 이름이 너무 유명해질 것이기 때문입니다. 혹시라도 제가 오만해져서 자연이 제게 준 소박함을 해치게 될까 겁이 납니다. 저는 이런 우애의 감정으로 더없이 열성적이고 진지한 시민으로서 모든 동포들을 생각하는 것입니다.

1788

「민중에게 보내는 편지」의 저자 여성 시민이 쓴
애국적인 고찰

민중에게 쓴 제 편지가, 또는 애국 기금 계획이 아름다운 영혼들을 감동시켰습니다. 또한 나쁜 시민들의 비판을 부추겼습니다. 그들은 심지어 프랑스의 기개가 죽었으며, 이기주의가 민족을 지배하는 정신이 되었다고 말합니다. 아! 그 기개가 조국을 위해 지금까지 타지 않았다면 잿더미에서 다시 태어날 수 있습니다. 프랑스는 어쩌면 이 세기까지 지나치게 번영했던 건지도 모릅니다. 모든 국가의 부러움을 샀던 프랑스가 지금 겪고 있는 격렬한 충격에 파멸해야 하는 겁니까? 오, 프랑스여, 프랑스여! 도도한 이마를 드십시오, 이웃들에게 연민의 감정을 불러일으키지 마십시오. 민중, 국회, 국왕이 한 가족이 된다면 국가는 곧 본래의 광채를 되찾을 것입니다.

왕을 위해, 그리고 조국을 위해 이토록 강인하고 이토록 용기 있는 모습을 감히 보이는 건 한 여자입니다. (…) 오 여왕이시여, 오 공정하신 군주시여, 고통받는 인류를 지켜주십시오. 제가 이제 그려 보이려 하는 불우한 사람들의 애처로운 운명을 살펴주십시오.

빵은 비싸고, 일은 없고, 가련한 이들에겐 모든 게 부족합니다.

그러나 궁핍을 위해 선한 행동을 하는 아름다운 영혼들이 있습니다. 하지만 그들의 선행은 엉뚱한 손으로 넘어가고 맙니다. 그들의 기부는 늘 배분이 잘못되었고, 파리에서 정말 도움을 받은 이는 거의 언제나 진짜 불우한 이들이 아닙니다.

아! 일 없는 노동자들, 힘없는 노인들, 기댈 곳 없는 아이들을 위해 겨울만이라도 열려 있을 시설들을 세울 수는 없을까요?

국가 부채가 탕감되면, 자비의 마음으로 그런 멋진 시설들을 지원해주십시오. 순수하고 관대한 모든 영혼들이 이 계획에 막대한 금액을 보낼 것입니다. 불행한 이들의 고통을 덜어주는 사제들의 고된 일을 면제해줄 것이고, 그러면 사제들은 나날이 약화되고 있는 종교의식에 몰두할 시간을 더 가질 수 있을 것입니다. 불행한 이들은 사제들이 주는 증명서를 들고 건강하고 깨끗하게 유지될 그 시설들을 찾아갈 것이며, 그 시설들은 국가에 빚을 지우는 게 아니라 오히려 국가를 부강하게 만들어줄 것입니다. 시민들을 보호하는 일에 몰두할 것이기 때문입니다. 이 시설들이 서로 경쟁의식을 갖게 해야 할 것입니다. 가장 혹독한 계절에 노동자들을 그곳에 거주시키면 이 시설들이 많은 일을 맡을 수 있을 것입니다. 노동자 남편을 갑자기 잃은 미망인들은 이 은신처에서 자신과 아이들을 위한 신속한 도움을 얻을 수 있을 것입니다. 건물에서, 길에서 혹은 갱도에서 부양자를 잃은 불우한 여성들을 얼마나 많이 보았습니까? 이 여성들은 아무 도움 없이 여러 명의 아이들과 홀로 남겨졌으며, 죽은 남편을 들것에 실어 데려가 보면 미망인들이 임신한 상태인 경우도 종종 있습니다. 처음엔 이런 광경에 가슴 아파하는 사람도 있지만 파리에서는 모든 게 순간적인 사건이 되고 말아 불우한 미망인들은 곧 아이들이 팔을 내밀며 큰 소리로 먹을 걸 달라고 외칠 때 빵도 없이 도움도 받지 못한 채 남겨집니다. 이 아이들은 혹독한 추위에 끔찍한 고통을 겪다 죽어가 어머니들의 고통은 배가됩니다.

오, 폐하! 선왕의 임무가 무엇인지 잘 아시는 당신께서 선의로 이 땅의 모든 군주들에게 재난의 시기에 백성들을 돕는 본보기를 보여주십시오!

세금 계획

오직 국가 부채를 청산하려는 목적으로 과도한 사치를 타파하고 국고의 재정을 늘리려는 세금 계획.

사치는 스스로 치유해야 할 악행입니다. 이를테면 지나는 길에 마주치는 모든 걸 짓밟고 전복시키는 세련된 취향 같은 것이지요. 이 무절제한 사치에 매기는 세금에 인류가 얼마나 환호를 보내겠습니까? 잘난 체 멋 부리는 청년이 자기 목을 부러뜨리거나 팔다리를 부러뜨리는 즐거움을 누리느라 1년에 25루이를 쓰는 거야 아무러면 어떻겠습니까? 이 세금이 특이한 취향을 가로막지는 않을 것입니다. 그러니 가난한 보행자들이 이 인간적 혁명에 얼마나 기뻐하겠습니까. 한결 소박하지만 그렇다고 불편한 건 아닌 포장을 젖힐 수 있는 이륜마차들은 이 세금의 반밖에 지불하지 않을 것입니다. 멋쟁이 아가씨들의 마차들에 세금을 조금 더 매긴다고 해서 그들에게 그다지 부담을 안기지는 않을 것이며, 그런다고 아가씨들의 자신만만한 태도가 주눅 들지도 않을 것입니다. 이를테면 아침저녁마다 늘어나는 의상과 마찬가지로 보석들에도 유용한 세금을 매겼으면 합니다.

그리고 유용하면서 현명하기도 한 또 다른 세금은 하인들의 봉사에 매기는 세금이 될 것입니다. 하인을 많이 둘수록 세금은 커질 것입니다.

말과 마차, 이윤과 가문 문장에 매기는 세금도 생각해볼 수 있을 것입니다. 소박한 마차는 마차 없이는 살 수 없을 사람을 드러내줄 것입니다. 이윤, 사치, 가문 문장, 오만. 이런 것들은 겸손과 필수품보다 비싼 세금을 지불해야 합니다.

눈에 잘 띄지만 우리가 미처 보지 못한 세금은 아카데미, 개인 저택, 대공과 영주들의 궁과 같은 곳에서 벌어지는 파리의 온갖 도박에 매길 수 있을 세금입니다.

그림과 조각에도 세금을 매기길 바란다면 또한 그다지 부적절한 일이 아닐 것입니다. 민중은 자신을 그림으로도 조각으로도 만들지 않으며 자기 집을 장식하지도 않습니다. 이런 세금은 조금도 민중에게 해가 되지 않으며, 제가 왕과 국민의 눈앞에 제시하는 모든 세금도 마찬가지입니다. 이들은 모두 국가에 큰 이득을 가져다줄 수 있습니다. 기하학이나 재무에 대한 개념 없이 저는 감히 제 계획에 따르면 5년 이내에 국가 부채가 청산되리라고 장담합니다. 제가 여기서 주장하는 것은 그 결과로써 인정받을 것입니다. 제 바람이 이루어지는 걸 보게 된다면 저는 무척이나 행복할 것입니다. 자발적 세금이 제가 말한 모든 것에 우선되어야 할 것입니다. 저는 적어도 4년은 시대를 앞서가고 있습니다. 훗날 우리는 다 함께 이렇게 노래하게 될 것입니다. 프랑스 만세, 프랑스 국왕 만세, 조국 만세.

여기 제시한 건 제 생각의 밑그림일 뿐입니다. 이 생각들이 깊이 탐구될 만한지, 결과적으로 만들어질 자산의 놀라운 그림을 이 초안이 그려 보이는지를 알아보는 건 국민의 몫입니다.

수도의 공연물들과 마찬가지로 지방의 공연물들도 과세해 이 조세에 보탬이 되기를 바랍니다. 우편, 운송, 합승마차, 가죽, 전분 등은 국영사업으로 운영되는데, 배우들은 엄청난 재산을 누리도록 방치되고 있습니다. 반면에 저자들의 재능은 본질적으로 국가에 속하기에 국가의 손실을 충당하는 데 기여할 수 있습니다. 연극 수익이 막대하기에 배우들에게 손해를 입히지 않고 그 이윤에서 징수할 수 있을 금액은 1년에 400만 이상이 될 것이며, 이 수익은 복권 수익보다 더 크리라고 추정됩니다.

애국의 꿈을 꾸면서 저는 대도시에서 수많은 무위도식자들을 만났습니다. 대도시는 나태와 악덕을 키울 뿐입니다. 정부는 나라의 미개간지를 여러 단체나 개인에게 경작할 만한 몫으로 나눠 주어야 할 것입니다. 이것이야말로 끊임없이 파멸의 구렁을 만나는 민중의 3분의 1을 구하고, 나태와 빈곤이 흉악범으로 만들고 있는 무용한 이들을 사회에서 없애는 최선의 방법입니다. 수년 전부터 이 나라에 가축이 부족한 탓에 고기값이 터무니없이 비싸져 불우한 사람들이 필요한 고깃국조차 먹지 못하고 있으니 이 땅의 대부분을 가축을 기르는 데 할애해야 할 것입니다.

1789

제2의 국립극장과 조산원 계획

코메디 프랑세즈가 가진 터무니없이 큰 권력에 균형을 맞추기 위해 올랭프 드 구주는 몇몇 동료 작가들과 더불어 프랑스 국립극장이라는 이름을 달게 될 제2의 극장을 창설하고자 한다.
같은 책자에서 그녀는 전혀 다른 시설의 창설도 주장한다. 공공 병원의 비참한 위생 조건과 잡거 생활을 면하게 해줄 여성 병원이다.

선행을 행하기란 어렵다. (…) 민중은 대개 불공정하고 배은망덕하고 결국 반란을 일으킨다.

재앙의 시기에는 민중에게 도움을 주어야 한다. 하지만 다른 시기에 지나치게 많은 걸 주게 되면 나태함을 부추기고, 모든 가능성을 빼앗게 된다. 이런 선행은 민중에게 죽음의 기부일 뿐이다.

아마도 의원들이 무역 기금이나 시설을 제안하지 않을 지방은 없을 것이다. 그 결실은 혹독한 계절과 흉작의 시기에 일 없는 노동자들에게 베풀어질 것이다.

이 주제에 대해서는 길게 논하지 않겠다. 내가 가진 건 좋은 계획뿐이고 다만 수단이 없다. 하지만 부족한 건 국민이 메워줄 것이다.

자발적인 세금을 말하면 아마도 국가 부채를 청산하는 데 마지막 푼돈까지 거둬들일 국립 기금을 만들 생각을 할 것이다. 그런 정도면 대략 내 계획에 부합한다. 삼부회 시대가 끝나기 전에 이 생각을 처음 제안했다는 것에 나는 아주 흡족하다.

민중에게 쓴 나의 편지와 애국적인 고찰에서 제안한 다른 세금들에 대해서는 말하지 않겠다. 개중에 시행되어야 할 것들이 있다면 그것을 제안한 사람의 성별이 무엇이건 국가는 그 실행을 등한시하지 않을 것이다.

진정한 지혜는 편견도 관습도 알지 못한다. 오직 진실에만 관심을 갖고 공공의 안녕을 따른다. 따라서 나는 바로 이런 지혜에 내 성찰의 결실을 맡긴다. 이 지혜가 이 저작들 속에 그득한 오류들은 가볍게 봐 넘기고, 고귀한 좌우명들에는 오래도록 멈춰 서주길 기도한다. 이 저작들을 장식해주고 저자의 목적을 드러내주는 좌우명들에 말이다.

모든 선량한 시민은 프랑스가 올바른 체제로 거듭나려면 근본적으로 관습의 복원에 신경 써야 한다는 걸 인정한다. (…) 자신의 즐거움을 꾀하는 수단보다 인간에게 더 이로운 수단이 무엇인가? 풍속의 학습장을 제공하는 오늘날의 극장은 어떤 것인가? 모든 극장에서 우리는 악덕에 아첨하고 악덕을 유지시키는 행태를 찾아볼 수 있다. 이 끔찍한 간이 극장들은 민중을 파멸로 이끈다. 노동자가 빵을 잃고 일과 아내와 자식들을 포기하고 니콜레, 오디노, 보졸레 극장으로 달려가고, 희극 오락거리로 민중에게 빚을 지우고 풍속을 타락시키고 국가에 손해를 입히는 수많은 다른 오락거리로 달려가는 걸 본다.

분명히 국민은 이 문제를 소홀히 하지 않을 것이다. 어쩌면 이것이 가장 중요한 문제인지도 모른다. 좋은 종교가 언제나 여러 국가와 민족의 안녕에 견고한 토대였다면, 나무랄 데 없는 여배우들이 연기하는 도덕적 연극은 개화된 사람들의 사회에 적합할 것이며, 덕성들을 부추기고 방종한 사람들을 교화할 것이다. 10년만 흐르면 좋은 희극이 참으로 세상의 학교라는 걸 사람들은 인정하게 될 것이다.

(…) 오늘날엔 경박함이 가장 본질적인 것이 되긴 했지만 경박한 일들에 신경 쓰는 것이 나는 지긋지긋하다. 공연이 국가에 꼭 필요한 것임은 사실이지만 인간의 오락과 교화를 위해 만들어져야 한다. 아마도 정부와 국민은 내 연극을 인정할 것이다.

하지만 무엇보다 내 관심을 끌고 여성들을 감동시키는 건 특별한 시설이요, 프랑스에 부족한 영원히 기억될 기관이다. 안타깝게도 너무도 불행하고 허약한 여성들은 진짜 보호자들을 한 번도 가져보지 못했다. 우리는 요람에서부터 따분한 무지를 면하지 못하도록 선고받았고 어린 시절부터 경쟁의식을 부여받지 못했으며, 자연이 우리에게 떠안긴 수많은 죄악들로 너무도 불행했고 참으로 불우해서 언젠가 남자들이 우리를 구하러 오리라고 희망할 수도 없었다. 이제 행운의 날이 도래했다.

오, 시민들이여! 오, 군주여! 오, 나의 국민들이여! 내 미약한 목소리가 그대들의 마음 깊이 울림을 줄 수 있기를! 내 목소리가 여자들의 비참한 운명을 그대들이 알아보게 할 수 있기를! 그대들은 눈물 흘리지 않고 그들의 이야기를 들을 수 있겠는가? 그대들 가운데 누가 아버지가 아니었으며, 그대들 가운데 누가 남편이 아닌가? 그대들 가운데 누가 딸이나 아내가 잔인한 고통과 고뇌 속에 죽어가는 걸 보지 못했는가?

소녀들은 혼기의 처녀가 되기까지 얼마나 많은 고통을 겪는가? 어머니가 될 때 여성들은 어떤 끔찍한 고통을 겪는가? 그러다 목숨을 잃는 사람은 또 얼마나 되는가?

어떤 기술도 그들의 고통을 덜어주지 못해 밤낮으로 찢어지는 통증을 겪다가 산파의 품에 안긴 채 죽어가는 젊은 여성들을 종종 본다. 참으로 불우한 이 성性이 겪는 고통에 지금까지 조금도 관심을 보이지 않은 남자들에게 생명을 안겨주고 이 여성들은 죽는다.

남자들은 특히나 인간적인 도움을 얻기 위해 무엇 하나 소홀히 하지 않았고, 무엇 하나 놓치지 않았다. 그들은 여러 시설들을 세웠다. 군인들을 위한 앵발리드 기념관, 귀족들을 위한 자선의 집, 그리고 가난한 이들을 위한 자선의 집.

이제 남자들은 똑같은 인류애를 발휘해 오래전부터 신음하고 있는, 처참한 환경에서 최하층 인간들과 뒤섞여 지내는 여성들의 관대한 보호자로 나서야 한다. 너무도 불행하고 끊임없이 하위 인간처럼 종속당하는 이 성性이 여성만 수용하는 특별한 자선의 집을 국가에 요청하도록 나를 부추기고 압박한다.

이 집은 오직 재산 없는 군인 부인들, 성실한 개인들, 상인들, 예술가들에게만 할애되어야 할 것이다. 한마디로 넉넉하지는 않아도 웬만큼 살다가 역경에 처해 모든 도움을 박탈당한 여성들을 위한 곳이어야 한다. 괴로움이 종종 그들을 죽음의 문턱까지, 때로는 집에서 치료할 수 없는 질병으로 이끈다.

그러면 그들은 파리 시립병원으로 실려 간다. 정숙한 여성이 걸인들, 품행 나쁜 여자들, 온갖 사람들과 함께 지내게 된다. 그들은 시립병원이라는 이름만 들어도 겁에 질리고, 불 보듯 뻔한 슬픈 현실에 그들은 그 시설의 도움을 받기보다는 차라리 죽음을 간청한다.

민중을 위한 병원이 필요하며, 정숙한 여성들을 위한 자선의 집을 세운다면 이미 초만원인 시립 병원의 부담도 덜게 될 것이다. 우리가 세울 수 있을, 인류에 한결 이로운 시설이 무엇이겠는가? 고통받는 점잖은 여성들을 위한 자선의 집이 아니겠는가?

삼부회에 속한 한 의원의 대화를 다시 그려보겠다. 그의 생각은 방책을 사용하는 것이 더는 필요 없다는 것이어서, 누군가 관리들의 숙소로 세운 웅장한 건물들과 성벽은 어떻게 할지 물었다.

그는 대답했다.

"그것들은 절로 무너질 것입니다."

"그 많은 돌들은 어쩔 겁니까?"

"모든 인류에게 훨씬 도움이 될 소박하고 위생적인 병원들을 짓지요."

(…) 따라서 나는 그 돌들의 일부를 사회에 가장 유익한 여성들을 위해 쓸 것을 간청한다. 점잖은 여성들이 국가의 너그러움과 인류애에 기대하는 건 사치스러운 아파트나 호화로운

실내장식이 결코 아니다. 혐오스러운 이름이 붙지 않을 병원, 청결이 사치로 여겨질 그런 소박한 집이다.

없어서는 안 될 여성들이 국가로부터 선택받고 교육받은 남성들에게서 기대하는 것이 이것이다. 이런 시설을 위해 투표권을 행사하지 않을 이가 누구겠는가? 스스로 나쁜 형제요, 배은망덕한 아들이요, 악독한 아버지라는 걸 입증하려는 게 아니라면 누가 반대하겠는가?

(…) 여러분의 가정과 여러분의 딸들과 여러분의 아내와 동떨어져 여러분은 본성을 무시하고 여성에게 빚진 모든 것을 망각할 수 있는가? 아니다. 여성은 여러분의 관심을 끌 수밖에 없다. 여러분이 몰두하고 있는 큰일들 때문에 어쩌면 이 시설에 당장 관심을 쏟지 못할 수는 있을 것이다. 하지만 일단 국가가 해방되고 헌법이 탄탄히 세워지면 여러분은 고통받는 인류에, 본성에, 여러분이 빚진 모든 것을 내어줄 것이다.

1788.2

흑인들에 관한 성찰

노예제도를 폐지하는 계획이 탄생한 건 프랑스혁명 이전 영국에서다. 프랑스에서는 올랭프 드 구주가 공개적으로 흑인 무역에 반대한 최초의 여성 가운데 한 사람이었다. 이 때문에 그녀는 식민지 개척자 집단의 미움과 대부분이 구체제를 지지하는 코메디 프랑세즈 회원들의 불신을 샀다.

흑인종은 그 비참한 운명 때문에 언제나 나의 관심을 끌었다. 인지력이 겨우 발달하기 시작했을 무렵, 아이들이 아직 생각을 하지 않는 나이에 처음으로 흑인 여자의 모습을 보고 나는 그녀의 피부색에 의문을 제기하고 생각하게 되었다.

그 당시 내가 물어볼 수 있었던 사람들은 내 호기심과 사유를 채워주지 못했다. 그들은 흑인들을 야만인처럼, 하늘이 저주를 내린 존재들로 취급했다. 하지만 나는 나이가 들면서 그들을 그 끔찍한 노예 상태로 단죄한 것이 힘과 편견이었음을, 자연은 아무 기여도 하지 않았으며 백인들의 부당하고 강력한 욕심이 모든 걸 만들었음을 명백히 알게 되었다. 오래전에 이 진실과 흑인들의 끔찍한 상황을 이해한 나는 그들의 이야기를 내 상상력에서 나온 첫 번째 극작품 주제로 다루었다. 여러 사람이 그들의 운명에 마음을 썼고, 그 운명을 어루만지려는 작업을 했다. 하지만 코메디 프랑세즈가 반대만 하지 않았다면 내가 시도하려 한 것처럼 그들을 본래 피부색과 입은 옷 그대로 무대에 등장시킬 생각은 누구도 하지 못했다.

미르자는 그의 본래 언어를 고수했고, 그보다 더 정겨운 게 없었다. 내가 보기엔 이 점이 극에 흥미를 더하는 것 같았는데, 코메디 프랑세즈 회원들만 빼고 모든 전문가들의 생각도 그러했다. 내 작품이 어떻게 받아들여졌는지에 대해서는 더 이상 신경 쓰지 말자. 나는 이 작품을 관중에게 공개한다.

흑인들의 끔찍한 운명으로 돌아가자. 언제쯤 우리는 그 운명을 바꿀, 아니면 적어도 누그러뜨릴 생각을 할까? 나는 여러 정부의 정책에 대해서는 아는 것이 없다. 하지만 그 정부들은 정의로우며 자연법을 실감케 해준다. 그들은 첫 악습들에 호의적인 눈길을 던진다. 인간은 어디서건 평등하다. 정의로운 왕들은 노예를 원치 않는다. 그들은 순종하는 신하들을 두었다는 걸 안다. 그래서 욕심과 야심이 미지의 섬들에 자리잡기 시작한 이후로 누군가를 위해 죽도록 고통받고 있는 불행한 이들을 프랑스는 버리지 않을 것이다. 탐욕이 금이라고 이름 붙인 금속과 피를 갈구하는 유럽인들이 이 행복한 풍토의 자연을 바꾸어놓았다. 아버지는 자식을 알아보지 못했고 아들은 아버지를 희생시켰으며 형제들은 서로 싸웠고 패자들은 시장에서 소처럼 팔렸다. 아니, 이것이 세상 곳곳에서 거래가 되었다.

인간 무역이라니! 세상에나! 자연이 전율하지 않는가? 그들이 동물이라면 그들과 마찬가지로 우리도 동물이 아닌가? 백인은 어떤 점에서 그들과 다른가? 차이는 피부색이다. (…) 왜 밋밋한 금발을 혼혈에서 생겨난 갈색 머리보다 더 선호할까? 이 경향은 흑인보다 혼혈을 선호하는 것만큼이나 놀랍다. 자연이 만든 모든 동물이 그렇고, 또한 식물과 광물이 그렇듯이 인간의 피부색에도 미묘한 차이가 있다. 왜 낮이 밤과, 태양이 달과, 별이 창공과 색을 두고 다투지 않는가? 모든 건 다양하며 바로 그래서 자연이 아름다운 것이다. 그런데 왜 자연의 작품을 파괴하려 드는가?

인간이 자연의 가장 아름다운 걸작은 아니지 않는가? 오스만제국은 우리가 흑인들에게 하는 짓을 백인들에게 한다. 그런데도 우리는 오스만인을 야만인이나 비인간적인 인간으로 취급하지 않는다. 그리고 복종 말고는 달리 저항할 길이 없는 인간들에게 우리도 똑같이 잔인한 짓거리를 행한다.

하지만 복종이 진절머리 날 때 여러 섬과 서인도제도 주민들의 야만적인 전제주의가 무슨 일을 벌이겠는가? 온갖 종류의 항거들, 집단의 힘으로 배가된 살육, 독살 등 일단 항거가 일어나면 인간이 할 수 있을 모든 일이 벌어질 것이다. 교묘한 술책으로 막대한 주민을 획득한 유럽인들이 아침부터 저녁까지 이 불우한 사람들을 두들겨 팬다면 끔찍하지 않겠는가? 그들에게 좀 더 자유를 주고 상냥하게 대한다고 그들이 비옥한 밭을 덜 경작하지 않을 텐데 말이다.

우리가 저들에게 아주 사소한 잘못에 더없이 끔찍한 벌을 내리지 않더라도 그들의 운명은 대단히 가혹하다. 저들의 노동도 충분히 고되지 않은가? 그들의 운명을 바꾸고, 그들이 종속된 채 전적인 자유를 악용할 것을 겁낼 필요 없이 처지를 개선할 방법을 제시하는 사람들도 있다.

나는 정치에 대해서는 아무것도 모른다. 하지만 보편적인 자유는 백인과 마찬가지로 흑인들을 중요한 존재로 만들어 줄 것이라 추측한다. 그들을 자기 운명의 주인이 되도록 놓아주고 나면 그들은 스스로의 의지로 그렇게 될 것이다. 그들이 아이들을 곁에 두고 기를 수 있게 해야 한다. 그러면 훨씬 더 확실히 작업에 임하고 열심일 것이다. 진영 의식 때문에 괴로워하지도 않을 것이며, 다른 사람들처럼 일어설 권리가 주어지면 그들은 훨씬 더 온순하고 인간적인 사람들이 될 것이다. 유럽의 농부들처럼 자기 고장의 자유로운 경작자가 될 것이다. 외국으로 가려고 그들 밭을 떠나지 않을 것이다.

흑인들에게 자유를 주면 일부 탈주자들은 생겨날 테지만 프랑스 시골 주민들보다는 훨씬 적을 것이다. 시골 마을의 젊은이들은 나이가 차고 힘과 용기가 생기기 무섭게 하인이나 인부 같은 고귀한 일자리를 찾아 대도시로 떠난다. 하인 한 자리에는 100명의 경쟁자가 몰리는 데 반해 우리네 밭에는 경작할 사람이 부족하다.

이 자유는 무위도식자들, 불행한 사람들, 온갖 종류의 불량한 인간들을 무한히 늘린다. 각국 국민에 지혜롭고 유익한 한계를 정하는 것이 군주들과 공화국이 할 일이다.

내가 가진 이해력으로 확실한 방법을 찾을 수는 있겠지만 그걸 제시하는 건 자제할 생각이다. 정부의 정책에 관해서는 더 공부하고 식견을 갖추어야 할 것이다. 이미 말했듯이 나는 아는 바가 없어 좋든 나쁘든 내 관찰을 우연에 맡긴다. 내가 이 불우한 사람들의 운명에 그 누구보다 관심을 가진 게 분명하다. 그들의 안타까운 역사에 관한 극작품을 구상한 것이 벌써 5년이나 되었기 때문이다.

내가 코메디 프랑세즈에 하려는 조언은 단 하나다. 평생 단 한 번의 간청인데, 흑인들의 피부색과 의상을 받아들여달라는 것이다. 이보다 더 좋은 기회가 없다. 나는 이 극의 공연이 야심에 희생된 이들을 위해 우리가 기대할 수 있는 효과를 낼 것이라 희망한다.

의상은 이 작품에 대한 흥미를 드높인다. 이 작품은 우리네 최고 작가들의 펜과 마음을 움직일 것이다. 내 목표는 달성될 것이고, 내 열망은 채워질 것이며, 극작품은 색깔 때문에 추해지는 게 아니라 오히려 승격될 것이다.

내가 갈망하는 대로 이 작품이 공연되는 걸 보게 된다면 더없이 기쁠 것이다. 이 미약한 스케치에는 후대를 위한 감동적인 그림이 필요할 것이다. 여기다 화필을 뽐내고 싶은 야심을 품을 화가들은 더없이 현명하고 유용한 인류애의 창시자로 간주될 수 있을 것이며, 나는 그들의 견해가 이 주제를 위해 내 극작품의 취약점을 보완해줄 것이라고 확신한다.

신사 숙녀 여러분, 그러니 꽤나 오랫동안 차례를 기다려온 제 작품을 공연해주세요. 여러분이 원하신 대로 인쇄되어 있습니다. 나와 더불어 온 국민이 여러분께 이 작품의 공연을 요청합니다. 국민들이 제 뜻과 다르지 않으리라 저는 확신합니다. 제 경우도 그렇고 다른 사람의 경우일지라도 자기애 같아 보일 이 감정은 흑인을 위하는 모든 대중의 함성이 제 마음에 만들어내는 결과일 뿐입니다. 저를 높이 평가해준 독자라면 모두가 이 진실을 믿어 의심치 않을 것입니다.

이 마지막 의견들을 통과시켜주십시오. 제게는 소중한 것입니다. 이 정도 대가라면 저도 드릴 수 있을 것 같습니다. 신사 숙녀 여러분, 이만 안녕히. 제 소견을 밝혔으니 여러분이 적절하다고 판단하는 대로 제 작품을 공연하세요. 저는 연습에 전혀 관여하지 않겠습니다. 제 모든 권리는 아들에게 넘깁니다. 그 아이가 그걸 좋은 일에 사용하길, 코메디 프랑세즈를 위해 일하는 작가가 되지 않기를 바랍니다. 내 아들이 내 말을 믿는다면 문학으로 종이를 망치는 일은 하지 않을 겁니다.

1789

한 여성이 부르짖는 현자의 외침

1614년 이후로 모인 적 없는, 국가의 세 신분인 성직자, 귀족, 제3신분을 대표해 삼부회가 모였다는 소식을 듣고 올랭프 드 구주는 정치적 역할을 하려는 뜨거운 열정에 사로잡힌다. 루이 16세가 1789년 5월 1일 베르사유에 삼부회를 소집하자 그녀는 그곳을 거처로 삼고 조국에 이토록 중대한 시기에 의회가 분열된 걸 걱정해 여러 의원들에게 편지와 소책자들을 보낸다. 몽토방 출신의 한 동향인에게는 자신의 권고를 요약해서 보낸다.

목소리를 높일 때입니다. 양식과 지혜가 있는 사람이라면 더는 침묵을 지키고 있을 수 없을 겁니다. 국민이 해야 할 일을 하기로 신속히 결정하지 않으면 머지않아 왕국의 몰락을 초래할 것이고 신뢰를 완전히 잃게 될 것이며 돌이킬 수 없는 최악의 지경이 될 것이라고 최종적으로 선언할 때입니다.

옛날 사람들은 그저 너무 무지해서 죄를 지었습니다. 요즘 사람들은 너무 많은 걸 알아서 모든 걸 망치고 있습니다.

사상과 학식 덕에 그들은 오늘날 끔찍한 혼돈 속에 빠져 있습니다.

그들이 지혜와 행동으로써 구원해주기를 초조하게 기다리는 조국은 서로 합의하지 못한 채 유럽에서 가장 허약한 나라가 될 파멸의 순간에 다가서고 있는 걸 이미 괴롭게 지켜보고 있습니다.

그렇습니다, 여러분. 여러분의 불화는 프랑스 전역에 불을 지를 뿐 아니라 우리의 적들을 일으켜 세워 우리에 맞서도록 부추기고, 우리가 패배하도록 만들고 있습니다. 민중에게 보내는 편지와 애국적 고찰, 그리고 특히 「인간의 원초적 행복Le Bonheur primitif de l'homme」을 주의 깊게 읽어보십시오. 그리고 제가 루이 16세의 통치에 이른 것만큼이나 빠르게 이 책의 장들을 훑어보십시오. 빠르게 읽더라도 유용하고 유익한 고찰을 제시한 몇몇 대목들에는 멈춰 서서 생각해볼 수 있을 겁니다.

오래전부터 저는 인간들을 관찰해오고 있습니다. 저는 인간 대부분이 시든 마음, 비열한 영혼, 성난 정신, 간악한 재능을 가졌다는 걸 인정하지 않을 수 없었습니다.

오늘날 우리는 조국과 귀부인들을 동시에 지켜온 우리네 고귀한 프랑스 기사들보다 우리네 현명한 조상들보다 스스로 나은 인간이라고 얼굴을 붉히지 않고 선언할 수 있을까요?

지금 돌이켜보면 신화적인 세기로 생각되는 행복했던 시절이여, 우리 가운데 다시 태어나 프랑스인들에게 부족한 힘을 주고 프랑스인들을 다시 한 번 모든 민족이 두려워할 존재로 만들어주시길!

이 악의 근원이 어디서 시작되는지 살펴보고 싶습니다. 내가 나의 성性과 성격을 배반하는 일 없이 그 근원을 알아볼 수 있을까요? 힘든 노력입니다. 절로 드러난 나의 성별이 내게 어떤 대가를 치르게 하더라도 나는 언젠가 이 성별에 도움이 되도록 지금 드러낼 것입니다.

오, 여성들이여! 그대들은 무엇을 했습니까? 무엇을 생산했습니까? 남자들 앞에 나서면 그대들의 제국을 지킬 수 있으리라고 생각했습니까? 제국은 파괴되었고, 그대들의 타고난 매력도 남자들의 눈에 참으로 감동적이고 사랑스럽게 만들어주던 그 고귀한 수줍음과 더불어 사라졌습니다.

그대들은 가정의 고삐를 놓아버렸고, 아이들에게서 모유를 멀리 떼어놓았습니다. 타락한 하인들의 품에 맡겨진 아이들은 그대들을 증오하고 무시하는 법을 배웠습니다.

오, 매혹적이되 불충한 성이여! 나약하되 전능한 성이여! 속이고 속는 성이여! 그대들은 남자들을 길 잃게 만들었고, 오늘날 남자들은 이 일탈에 대해 그대들의 매력과 공격과 새로운 노력을 경멸함으로써 벌하고 있습니다! 현재 그대들의 일관된 모습은 무엇입니까? 남자들은 그대들을 통해 그대들의 결점, 그대들의 우회적 어법, 그대들의 술책, 그대들의 모순된 언행에 대해 알게 되었고, 결국 그들도 여자들처럼 되었습니다.

우리가 청년들의 자만을, 중대한 문제들을 대하는 노인들의 가벼움을, 지각 있는 나이의 남자들이 보여주는 기괴한 언행을 시대와 풍습에 맞서 격렬히 항의하지 않고서 냉정하게 볼 수 있습니까?

사람들은 여전히 덕성과 애국심을 거론합니다. 이 둘이 정말로 존재한다면 삼부회에서 이미 느낄 수 있었을 것입니다. 그랬더라면 온갖 진정서들이 하나로 어우러졌을 것이며, 세 신분은 그 모임에서 함께 공공선을 위해 의견을 개진할 수 있을 것입니다.

하지만 진영 의식이 예의와 이성과 정의보다 우선되고 있어, 그토록 오래전부터 우리가 갈망해온 이 삼부회는 결국 그저 불화를 심기 위해 모인 꼴이 되고 말 것입니다.

저는 이미 예견한 바 있습니다. 이 예견이 틀려서 제가 나쁜 예언가였다는 걸 보여줄 수 있게 되기를 바랍니다. 하지만 동시에 저는 좋은 시민이라는 자격을 얻게 될 것입니다.

신사 여러분, 여러분은 초조해하는 대중을 안심시켜야 합니다.

여러분의 모임이 아니면 누가 평온을 가져다줄 수 있겠습니까? 무엇이 신뢰를 바로 세울 것이며, 상업이 다시 번성하게 할 수 있겠습니까? 여러분이 의회에서 화합하는 일이 아니겠습니까? 여러분이 의견을 조율하려면 개별적인 주장을 버리고, 단독으로 새로운 법을 만들 권리가 없는 제3신분을 설득해야 하고, 이 기회에 성직자 신분이 그들 고위직의 영화와 특권 대부분을 버리도록 설득해야 합니다.

귀족들도 설득해야 합니다. 그들이 넘을 수 없는 장벽이 있기라도 한 것처럼 제3신분과 함께 자리하는 걸 거부하는 건 부당한 일이며 명백한 모욕이라는 걸 말입니다.

재산 없는 귀족이 제3신분의 아가씨에게 청혼하지 않는 날이 없습니다. 제3신분과 피를 섞지 않은 저명한 혈통의 아가씨도 없습니다. 이런 비탄의 순간에, 재난의 시기에, 신사 여러분들은 어쩌면 당신들보다 더 가치 있는지도 모르는 사람들의 생각과 당신들의 생각을 한데 그러모으는 걸 겁내고 있습니다.

명예가 여러분을 이끌고, 조국의 안녕이 당신들을 인도하길 바랍니다. 여러분은 지위와 존엄을 잃지 않고도 형제들의 친구가 되고, 그들의 겸손한 윗사람이 될 겁니다. 왜냐하면 화합의 순간에 여러분께서 여러분의 신분을 포기하고, 그 신분이 여러분에게 제공하는 권리들, 다른 상황에서는 신성한 것이겠으나 이 혁명의 시기에는 부당하고 계제에 맞지 않은 권리들을 거부할 것이기 때문입니다.

신사 여러분, 이것이야말로 세 신분이 지켜야 할 중대한 일입니다.

제게 영감을 준 동기 때문에 이 소견이 여러분의 마음에 들지 않을 수 있다는 점을 저는 감히 자랑스럽게 여깁니다.

모든 국가적 회합에서 여성들을 배제할 수는 있겠지만 저를 지켜주는 자비로운 정령이 저를 이 회합 한가운데로 이끕니다. 이 정령은 프랑스 최고 귀족들의 명예가 조국의 안녕에 토대한다고 단호히 말할 것이며, 나머지 국민으로부터 멀어지면 이 고귀한 원칙들에서 벗어나는 것이라고 말할 것입니다.

이성보다 자기애가 앞선다면, 신사 여러분, 여러분은 이 글을 단죄하십시오. 하지만 이 글의 저자는 여러분의 진짜 감정들이 이 자기애보다 앞서기를 바라지 않기 위해 여러분의 고귀한 태도들에 너무도 큰 생각을 품고 있습니다. 저자가 이런 상황에서 자기 성의 강압적인 어조를 사용한 것은 큰 병에는 큰 약을 써야 한다고 생각했기 때문입니다. 애국적 열성이 저자를 너무 멀리까지 몰고 갔다면, 여러분에게 마땅히 보여야 할 존경과 존중이 그의 참된 원칙으로 다시 데려올 것이며, 겸손이 그의 성격의 바탕이 되어야 한다는 것을 그가 인정하게 만들 것입니다.

두 진영 가운데 한쪽은 양보를 해야 합니다. 아마도 성직자 진영이 귀족 진영의 추진력을 따를 것입니다.

제3신분이 자기 신분을 포기하는 게 적절할까요? 귀족이 편견을 버려야 할까요? 이 편견들은 그들의 권리가 아니고, 그리고 그 권리들은 프랑스 군주제의 영광과 지지대가 아니지 않습니까?

제3신분의 진정서들이 귀족을 격분하게 만들었으리라는 건 숨길 수 없는 사실입니다. 하지만 모든 걸 예의로 환원할 수는 없습니다. 귀족이건 아니면 제3신분이건 양보를 하는 신분은 프랑스가 구원을 빚지게 될 애국적인 진영이 될 것입니다.

1790.4

네케르와 드 구주 부인의 망명
또는 드 구주 부인이 프랑스인과
네케르 씨에게 보내는 작별 인사

극작품들의 실패와 애국적 계획들에 대한 무관심에 일시적으로 좌절한 올랭프 드 구주는 네케르가 권력을 떠나던 순간에 망명을 생각하며 프랑스 민중에게 보내는 마지막 편지라고 여긴 글을 펴낸다.

우리는 떠납니다. 당신과 나는 떠납니다. 당신은 높은 자리에서, 저는 속된 자리에서 얼마 동안 무대를 차지했던 파리를 떠납니다. 이것만으로도 당신과 저는 조금이나마 닮았습니다. 그러나 우리의 생각이 같은 목표를 지향할지라도 그 행보는 다릅니다. 당신은 프랑스인들의 원칙을 바꿈으로써 그들의 가장 절박한 이득을 밝혀준다고, 그럼으로써 그들에게 한결 더 박력 있는 삶을 제공한다고 주장했습니다. 저는 반대로 그들의 진짜 정신은 남겨둔 채, 다만 악습들만 뿌리 뽑아 모든 시민의 행복을 위해 프랑스 군주제를 공고히 다지기를 원했습니다. 바로 이 점에서 우리는 다릅니다. 그럼에도 우리는 배은망덕한 사람들을 위해 일했습니다. 우리는 둘 다 노고의 결실을 잃었습니다. 바로 이 점에서 우리는 닮았습니다.

냉정한 성격에 태생이 공화주의자인 당신은 유쾌하고 사랑스럽고 왕에게 충성하며 법에 순종하는 민족의 나라로 그들 정부의 특성에 전혀 맞지 않는 자유의 요소들을 가르치러 왔습니다. 랑그독 출신이며 프랑스인으로 태어나 프랑스인들의 머리를 잘 아는 사람으로서 저는 그들에게 군주제라는 오랜 성스러운 나무는 건드리지 말고 기생충 같고 탐욕스러운 가지만 쳐내라고 조언했습니다. 하지만 그토록 난폭하게 뽑힌 가지들은 쓰러지면서 프랑스까지 넘어뜨렸습니다. 바로 이 점에서 우리는 다릅니다. 당신은 프랑스의 샘이 고갈되지 않을 거라고 판단했습니다. 당신처럼 저도 그렇게 믿었습니다. 바로 이 점에서 우리는 닮았습니다.

영예에 대한 사랑이 당신의 용기를 부축했습니다. 오직 애국심만으로 저는 온갖 위험에 맞섰습니다. 바로 이 점에서 우리는 다릅니다. 당신은 좌절했고, 저도 마찬가지입니다. 바로 이 점에서 우리는 닮았습니다. 당신에겐 80만 리브르의 연금이 있지만 병들었습니다. 제 짐은 이젠 실내화 한 짝에 몽땅 들어가겠지만 모든 시련에 맞설 만큼 저는 건강합니다. 우리는 둘 다 우리의 노고와 작업의 실패를 한탄하며 프랑스를 떠납니다. 바로 이 점에서 우리는 닮았습니다.

당신은 돈주머니를 잔뜩 채우고 아주 안락하고 쿠션 좋은 사륜마차를 타고 떠나지만, 인쇄업자들 때문에 거의 파산한 저는 제대로 마구를 갖추지 못한 투박한 짐수레에 올라타 제 소중한 극작품에 둘러싸인 채 떠납니다. 이 점만큼은 저도 이 마을 저 마을 돌아다니며 불후의 시구를 암송하며 생계를 꾸리던 호메로스를 닮았습니다. 아! 바로 이 점에서 우리는 참으로 많이 다릅니다. 당신은 성공하지 못한 훌륭한 계획이 잔뜩 든 가방을 들고 가는데, 저는 거들떠보지도 않고 중상부터 하지 않았더라면 어쩌면 조국을 구했을지도 모를 여자의 글을 외국에 알리려고 떠납니다. 그러나 지금도 그 글을 따르는 사람들이 적지 않습니다. 바로 이 점에서 우리는 가장 다릅니다.

네케르 씨, 그렇지만 오늘날 덜 열광적인 대중이 당신에게 보이는 호의적이지 않은 태도를 제가 이용하려 든다고는 생각하지 말아주세요. 당신이 프랑스의 신이었을 적에 저는 때로 당신에게 의견을 제시하기도 했습니다. 당신은 그 생각을 제대로 이해하지도 못했고, 심지어 대답조차 하지 않았습니다. 너무 늦은 이듬해에 그걸 실행에 옮기기는 했지요. 그렇지만 저는 원한이라곤 조금도 없습니다. 그저 다시 한 번 조언을 드리고 싶군요. 다시 제 말을 듣는 걸 거부하신다면 당신에게 안된 일이지요. 정말 위대한 인간은 여자의 의견을 받아들인다고 해서 조금도 위신이 깎이지 않습니다. 그 사람을 승격시키려는 의견이라면 말입니다.

당신은 제 애국 기금 계획의 헌정본을 가장 먼저 받은 사람입니다. 모든 장관들이 내게 감사 인사를 했죠. 그렇지만 그 글에서 저는 유력 인사들이라고 봐주지 않았습니다. 적어도 그들은 폭군 같은 성질을 자제하고 한 여자의 열성과 칭찬할 만한 글의 목적에는 최대한 정중하게 대답했습니다.

당신만이 저를 무시하는 것 같았고, 제가 사람들 앞에서 당신을 비난할 수밖에 없도록 만들었습니다. 하지만 어쩌겠습니까! 오늘 저를 격려하는 건 결코 당신의 행동에 대한 원한이 아니라 제 조국에 대한 사랑입니다. 정말 위대한 사람이라면 저는 그들에게 찬사를 보낼 줄 압니다. 제 눈에 그래 보이지 않을 때는 제 입에서는 이득이 얽힌 거짓된 찬사가 나오지 못합니다.

이것이 제 성격이며, 제 글과 제 행동이 이 성격을 충분히 드러냈지요. 그러니 네케르 씨, 당신은 국민의회가 인간의 모든 권리를 아직 세우지 못한 시절에 제가 보인 솔직성에 불평해서도 화를 내서도 안 됩니다. 우리가 이 행복의 일부를 당신에게 빚지고 있다는 건 저도 압니다. 작은 모임에서 인간들이 행동하는 걸 본 철학자가 아주 다수의 인간들이 마구 뒤섞여 있을 때는 전혀 다르게 행동하는 걸 볼 거라는 사실을 장자크 루소가 우리에게 알려주지 않았다면 어쩌면 우리가 당신에게 그 행복을 전적으로 빚지게 되었을지도 모르지요. 어쨌든 이 은혜에 대한 제 감사 인사를 받으십시오.

네케르 씨, 그렇지만 사람들이 어느 정도 안정을 찾았을 때 그들을 평소 습관에서 벗어나게 하는 건 위험합니다! 벌통처럼 만들어진 정부들이 있습니다. 조심성 없이 그런 벌통에 다가가면 작업 중인 벌들을 방해하고 결국 벌들이 당신을 쏩니다. 그러면 벌 떼는 흩어지고 끝장이지요. 제가 보기에 바로 이것이 현재 우리 상황에 대한 참된 비유인 것 같습니다.

네케르 씨, 요즘 저는 아주 이상하거나 아니면 아주 독창적인 생각들을 합니다. 인간들 사이의 평등은 무지가 평등할 때만 이루어질 수 있다는 생각. 그런데 이 보편적인 무지는 어디에 있습니까? 이 보편적 평등은 어디 있지요? 자연 속의 모든 것은 종속되어 있습니다. 세 가지 계界 속의 모든 것이 어떤 우위에 종속되어 있습니다.

하지만 이건 제 작별 인사를 철학으로 미화하려는 것이 결코 아닙니다. 조국과 당신에게 훨씬 도움이 될 수다를 허락해 주십시오. 그렇습니다, 분명히 말하지만 수다가 맞습니다. 왜냐하면 숱한 생각들이 저를 길 잃게 만들 때가 많아서 그럴 때면 저를 되찾기가 힘들기 때문입니다. 그래서 종종 제 독자들은 이렇게 말하지요. "이 여자가 머릿속에 화구火具만 없었어도 이따금 우리한테 훌륭한 소리를 할 것이다." 그러니 제 작별 인사를 있는 그대로 받아들여주십시오. 제 글에서 저는 자연의 제자입니다. 저는 자연처럼 불규칙적이고 이상하기까지 합니다. 하지만 언제나 진실하고 언제나 단순합니다.

그렇다면 대체 이 글의 목적이 무엇이냐고 말하겠군요. 아! 틀림없이 제겐 하나 이상의 목적이 있고, 감히 말씀드리지만 모두 칭찬받을 만한 것들입니다. 저는 프랑스의 왕이 다시 왕좌에 오르길 원합니다. 그가 왕좌에서 내려온 것이 프랑스의 불행을 초래했다는 걸 국가가 인정하길 바랍니다. 프랑스인들이 검과 탄약 주머니를 버리고 모여 문제 해결에 앞장서기를 바랍니다. 관할구들이 오직 나이 든 가장들로만, 자식들에게 현명한 견해를 주는 데 적합한 존경스러운 원로들로만 구성되기를 바랍니다. 국민군이 돈에 매수되지 않고 공공의 평안에 참으로 비바람이 몰아치는 상황에서만 무장하기를 바랍니다. 대중이 들끓고 일어나 국민의회의 논의에 참석하고 싶어하는 것 같은 이번 상황처럼 말입니다. 이 주제에 대해서는 생각해보아야 할 게 얼마나 많은지요!

다른 지면에서 제가 식민지 개척자들에게 뭐라고 했습니까? 저는 그들이 그들의 노예들을 조금 더 부드럽고 관대하게 다루기를 권고했습니다. 하지만 그들은 수익을 조금도 잃고 싶어하지 않습니다. 이것이 그들의 두려움과 분노, 야만 행위의 이유입니다.

오늘날 성직자들의 무력한 싸움도 마찬가지입니다. 저들이 지금 내놓는 4억을 처음부터 제시했더라면 이 재산은 틀림없이 성스러운 것으로 남았을 겁니다.

국왕이 솔직하게, 숨김없이, 술책이나 저의 없이, 제 의견에 따라 행동했더라면 사람들이 지금처럼 양위를 요구하지는 않았을 겁니다.

저는 제 글들을 이 나라 모든 시민들에게 순수한 기부로 내놓았습니다. 당신은 일반 연금과 특별 연금 명부에서, 전과자 명부에서, 왕의 개인 재산 소유자 목록에서 제 이름을 읽지 못하셨을 겁니다. 제 무사무욕이 왕실에 의심받을까 저어되어 제 글들을 왕에게 아직 보이지도 않았습니다. 떠날 때 저는 그걸 왕에게 보이러 갈 것입니다. 그분은 모든 걸 읽는 분이시니 여자의 글이라고 무시하고 훑어보지 않는 일은 없을 겁니다. 어쩌면 그분은 이 글들에서 적어도 프랑스인들이 조금 더 알아도 좋을 생각들을, 큰 계획들을 볼지도 모릅니다. 저는 보답으로 그저 제 아들이 라파예트 장군의 보좌관으로 있을 수 있도록 추천서 한 장만을 청할 겁니다. 아직 그럴 힘이 그분에게 있다면 말입니다. 그리고 국가에는 제2의 국립극장을 세울 특혜를 내려주길 청할 겁니다. 이 계획은 제가 첫 회기 때부터 제시한 것입니다. 오늘날 대중과 작가들이 원하는 극장입니다. 그리고 창작권이 주어진다면 모든 점에서 제게 그 우선권이 있을 겁니다.

네케르 씨, 그렇지만 저는 국가에 쓸모 있는 사람이 되려고 애쓴 한 여자가 이런 보답을 받을 수 있으리라고 기대하지는 않습니다.

1791

왕비에게 헌정하는 여성 권리 선언

올랭프 드 구주가 쓴 이 중요한 텍스트는 모든 면에서 더없이 대담하고, 더없이 상상력이 풍부하며, 더없이 근대적이다.

마담,

1

왕들께 사용하는 언어에 익숙하지 않은 저는 이 독특한 저작물을 당신에게 헌정하려고 아첨꾼들의 찬사를 사용하지는 않으렵니다. 제 목적은 당신에게 솔직하게 말하는 것입니다. 저는 이렇게 표현하려고 자유의 시대를 기다리지 않았습니다. 전제군주의 맹목이 고귀한 용기를 벌하던 시대에도 저는 똑같은 힘으로 한결같은 태도를 보였습니다.

온 제국이 당신을 비난하고 재난을 당신 탓으로 돌리던 혼란과 격동의 시기에 저는 홀로 당신을 옹호하는 용기를 냈습니다. 고귀함 속에서 자란 왕녀가 온갖 비천한 악덕을 가졌으리라 생각할 수는 없었습니다…….

우연이 각별히 높은 자리에 세운 분만이 여성 권리의 도약에 힘을 실어주고 그 성공을 촉진할 수 있습니다. 당신께서 덜 깨어 있다면 당신의 사적인 이득이 성별의 이득보다 우선될까 염려되었을 겁니다. 당신은 명예를 좋아하십니다. 마담, 최악의 범죄들도 최고의 덕성들과 마찬가지로 불멸로 남는다는 사실을 생각해보십시오. 하지만 역사에 기록되는 그 명성은 얼마나 다르겠습니까! 한쪽은 끊임없이 본보기로 간주될 것이고, 다른 한쪽은 영원히 인류의 혐오가 될 것입니다.

당신이 좋은 풍속의 복원에 힘쓰고, 여성에게 확고한 일관성을 부여하는 일을 한다고 결코 범죄로 만들지는 않을 겁니다. 이 저작은 불행히도 새 체제를 위해 하루아침에 이뤄진 작업이 아닙니다. 이 혁명은 모든 여성이 그들의 가련한 운명과 그들이 사회에서 잃은 권리들을 깨달을 때만 이루어질 것입니다. 마담, 이 멋진 대의를 지지하십시오. 이 불행한 성性을 옹호해주십시오. 그러면 곧 당신은 왕국의 절반과 나머지 절반의 적어도 3분의 1을 얻게 될 것입니다.

당신께서는 바로 이런 활약에 당신의 신망을 활용하고 이름을 떨쳐야 할 것입니다. 제 말을 믿으십시오, 마담. 우리의 인생은 보잘것없는 것입니다. 특히나 백성의 사랑으로, 그리고 선행의 영원한 매력으로 아름다워지지 못한 왕비의 삶은 더더욱 그렇습니다…….

마담, 이것이 저의 원칙들입니다. 조국에 대해 말하느라 저는 이 헌정의 목적을 그만 잊고 말았습니다. 이렇듯 모든 선량한 시민은 나라의 명예와 이득을 목표를 삼을 때 자신의 명예와 이득은 희생합니다.

말할 수 없이 깊은 존경의 마음을 담아,

대단히 겸허하고

더없이 순종하는 당신의 시종

드 구주.

여성과 여성 시민의 권리 선언

국민의회가 마지막 회기나 차기 입법 임기 동안 공포해야 할 것.

전문前文

남자여, 그대는 정의로울 능력이 있는가? 이 질문을 그대에게 던지는 건 여자다. 적어도 이 권리만큼은 여자에게서 빼앗지 말아달라.

말해보라. 내 성性을 억압하는 지상 최고의 권한을 누가 그대에게 주었는가? 그대의 힘인가? 그대의 재능인가? 창조주의 지혜를 살피고 자연을 훑어보라. 그런 다음 이렇게 전제적인 제국의 예를 들 수 있으면 내게 얘기해달라.

동물로 거슬러 올라가 보고, 원소를 살펴보고, 식물을 연구해보고, 분화된 물질의 모든 변형들에 눈길을 던져보라. 그대에게 이렇게 방법들을 제공하니 명백한 사실을 인정하라. 찾고, 뒤지고, 할 수 있다면 자연의 경영에서 성별을 구분해보라. 성별은 곳곳에서 뒤섞여 있으며, 곳곳에서 이 불멸의 걸작에 조화롭게 동참하고 있다.

이런 예외의 원칙을 꼴사납게 걸친 건 오직 인간뿐이다. 이상하고, 눈멀고, 학식으로 잔뜩 겉멋이 들고, 퇴보했으며, 이 빛과 통찰력의 세기에, 더없이 지독한 무지 속에서 모든 지적 능력을 갖춘 성性을 전제군주로서 지휘하려 든다. 혁명을 향유하고 평등의 권리들을 주장하면서 그 이상은 결코 말하지 않는다.

국민을 대표하는 어머니, 딸, 누이 들은 국민의회의 일원이 되기를 요구한다. 여성의 권리에 대한 무지, 망각 또는 멸시가 공공의 불행과 정부 부패의 유일한 원인들이라고 간주하고서, 침해할 수 없고 성스러운 여성의 천부적 권리들을 엄숙한 선언서에 진술하기로 결의하였다. 그리하여 이 선언이 사회의 모든 구성원에게 항시 제시되어, 그들에게 끊임없이 권리와 의무를 상기하기를, 여성의 권한 행위들이, 그리고 남성의 권한 행위들이 매 순간 이 정치체제의 목표에 견주어 더욱 존중될 수 있기를, 단순명료한 원칙들에 입각한 여성 시민의 주장들이 언제나 헌법과 미풍양속의 유지에, 모두의 행복에 기여할 수 있기를 바란다.

따라서 출산의 고통을 견디는 용기에서도 그렇듯이 아름다움에서도 우월한 여성은 지고한 존재의 면전에서 그의 후원 아래 다음과 같은 여성과 여성 시민의 권리들을 인정하고 선언한다.

제1조

모든 여성은 자유롭고 평등한 권리를 갖고 태어난다. 사회적 차별은 오직 공익에 입각하는 경우에만 허용될 수 있다.

제2조

모든 정치적 결사의 목적은 여성과 남성의 소멸될 수 없는 자연권을 보전하는 데 있다. 이 자연권이란 자유권, 소유권, 안전권, 그리고 무엇보다 억압에 저항할 권리다.

제3조

모든 주권의 원칙은 본질적으로 국민에게 있으며, 국민은 여성과 남성의 집합과 다름없다. 어떤 단체나 개인도 명백히 국민으로부터 나오지 않는 권력을 행사할 수 없다.

제4조

자유와 정의는 타인에게 속하는 모든 것을 돌려주는 데 있다. 여성의 천부적 권리 행사를 가로막는 제약은 남성이 여성에게 행사하는 항구적인 폭정뿐이다. 이 제약은 자연법과 이성의 법으로 개혁되어야 한다.

제5조

자연과 이성의 법은 사회에 해로운 모든 행위를 금한다. 이 현명하고 신성한 법률로 금지되지 않은 모든 것은 방해받을 수 없으며, 누구도 이 법률이 명하지 않는 것을 하도록 강요받을 수 없다.

제6조

법은 일반의지의 표현이어야 한다. 모든 여성 시민과 남성 시민들은 직접적으로 또는 대표를 통해 법 제정에 참여해야 한다. 법은 만인에게 동일한 것이어야 한다. 모든 여성 시민과 남성 시민들은 법 앞에 평등하며, 또한 덕성과 재능 이외의 어떠한 차별도 없이 자신의 능력에 따라 모든 명예를 동등하게 누릴 뿐 아니라 모든 공적인 직위와 직무를 맡을 수 있어야 한다.

제7조

어떤 여성도 예외 없이 법으로 규정된 경우에 한해 고소되고, 체포되고, 수감된다. 여성도 남성과 마찬가지로 이 엄격한 법에 복종한다.

제8조

법은 엄격하고 명백하게 필요한 처벌에 관한 조항을 규정해두어야 하며, 누구라도 범법행위 이전에 제정되고 공포된, 여성에게 합법적으로 적용되는 법에 의거하지 않고는 처벌받을 수 없다.

제9조

유죄로 선언된 모든 여성은 법에 따라 준엄하게 심판받는다.

제10조

근본적인 견해까지 포함해서 누구도 자신의 견해 때문에 위협을 받아서는 안 된다. 여성은 단두대에 오를 권리가 있다. 마찬가지로 그 의사 표현이 법이 규정한 공공질서를 흐리지 않는 한 연단에 오를 권리도 가져야 한다.

제11조

사상과 견해의 자유로운 소통은 여성의 소중한 권리 중 하나다. 이 자유가 아이들에 대한 아버지의 적법성을 보장하는 것이기 때문이다. 따라서 야만적인 편견이 진실을 감추도록 강요하는 일 없이 모든 여성 시민은 자신에게 속한 아이의 어머니임을 자유롭게 말할 수 있다. 다만 법으로 규정된 경우에는 이 자유 남용에 대한 책임을 져야 한다.

제12조

여성과 여성 시민의 권리들을 보장하는 일에는 중대한 효용성이 요구된다. 이 권리 보장은 그것을 위임받은 사람들의 개별적 효용을 위해서가 아니라 모두의 이득을 위해 설정되어야 한다.

제13조

공권력을 유지하고 행정 비용을 조달하는 데 여성과 남성의 기여는 평등하다. 여성은 모든 부역에, 모든 힘든 노역에 기여한다. 따라서 지위, 고용, 책임, 관직, 일의 분배에도 동일한 몫을 가져야 한다.

제14조

여성 시민과 남성 시민은 직접, 또는 대표들을 통해 조세의 필요성을 확인할 권리가 있다. 여성 시민은 재산에서뿐만 아니라 공공 행정에서도 동등한 분배를 인정하고, 또한 조세 부과율과 산출 방식, 징수 방법과 징수 기간을 결정할 권리를 가진다.

제15조

대다수 남성들의 조세 분담금을 위해 단결한 대다수 여성들은 모든 공직자에게 그 행정에 대한 해명을 요구할 권리가 있다.

제16조

권리 보장이 되지 않고, 권력 분립이 확실히 규정되지 않은 모든 사회는 결코 헌법을 갖추지 못한다. 국민을 구성하는 개인들 대다수가 헌법 작성에 동참하지 않았다면 그 헌법은 무효하다.

제17조

소유권은 함께하건 헤어졌건 모든 성의 것이다. 소유권은 각 개인의 침해할 수 없는 성스러운 권리다. 이 권리는 자연으로부터 받은 세습 자산과도 같아 합법적으로 확인되는 공적 필요성에 의해 명백히 요구되고 공정한 보상이 선결된다는 조건이 아니라면 누구도 그것을 박탈당할 수 없다.

후문後文

여성이여, 깨어나라. 이성의 경종이 온 세상에 울리고 있다. 그대의 권리들을 인지하라. 자연의 강력한 제국은 더 이상 편견과 맹신, 미신과 거짓에 에워싸여 있지 않다. 진실의 횃불이 어리석음과 침탈의 모든 구름을 몰아냈다. 노예였던 남성은 제 힘을 길렀고, 사슬을 끊는 데 그대의 힘에 도움을 청해야 했다. 자유로워진 남성은 이제 제 동반자에게 불공정해졌다. 오, 여성들이여! 여성들이여, 언제쯤이면 감은 눈을 뜨려는가? 그대들이 혁명에서 거둔 이득이 무엇인가? 멸시는 더 명백해졌고, 무시는 더 도드라졌다. 부패의 세기에 그대들은 남자들의 나약함 위에 군림했을 뿐이다. 그대들의 제국은 파괴되었다. 그대들에게 남은 것이 무엇인가? 남성의 부당함에 대한 확신뿐이다. 자연의 현명한 법령들에 토대한 그대들의 유산을 주장하라. 이 멋진 시도를 하는 데 두려울 것이 무엇인가? 가나의 혼례에서 법을 세운 입법자의 선량한 말인가? 이 도덕을 수정하고, 철 지난 정치를 오랫동안 붙들고 있는 우리네 프랑스 입법자들이 그대들에게 이런 말을 거듭할까 봐 두려운가? '여자들이여, 그대들과 우리 사이에 공통된 무엇이 있는가?' 묻는다면 그대들은 '모든 것'이라고 대답해야 할 것이다. 그들이 그들 원칙과 모순되게 이 일관성 없는 행동을 고집한다면 헛된 우월성 주장에 이성의 힘으로 용기 있게 맞서라. 철학의 깃발 아래 결집하라. 그대들 특유의 힘을 모두 발휘하라. 그러면 곧 저 오만한 자들이, 우리의 비굴한 숭배자들이 지고하신 존재의 보물들을 그대들과 함께 나누는 것을 자랑스럽게 여기며 그대들의 발아래 기는 걸 보게 될 것이다. 그대들을 막아서는 장벽들이 어떤 것이건 그걸 넘어서는 건 그대들의 능력 안에 있다. 그대들은 그걸 원하기만 하면 될 일이다.

이제 그대들이 사회 속에서 어떤 존재였는지 보여주는 끔찍한 그림으로 넘어가 보자. 그리고 국가적 교육이 당면 과제이니 우리네 현명한 입법자들이 여성 교육에 대해 올바르게 생각할지 지켜보자.

여성들은 선보다는 악을 더 행했다. 구속과 은폐가 그들의 몫이었다. 힘이 그들에게서 빼앗아 간 것을 술수가 그들에게 돌려주었다. 여성들은 그들 매력의 모든 수단을 이용했고, 흠 잡을 데 없는 사람도 그것들을 뿌리치지 못했다. 독, 인두, 모든 게 그들에게 복종했다. 여성들은 덕성을 지휘하듯 죄악을 지휘했다. 특히나 프랑스 정부는 수 세기 동안 여성의 베갯머리송사에 달려 있었다. 내밀한 집무실은 여성들의 가벼운 입놀림으로 아무 비밀이 없었다. 대사관, 군 사령부, 청사, 대통령 관저, 교황관, 추기경관, 세속적이고 성스러운 인간의 어리석음을 특징짓는 모든 것이 여성의 탐욕과 야심에 복종했다. 예전에는 멸시받아 마땅했으나 존중받았고, 혁명 이후로는 존중받아 마땅하나 멸시받아온 여성 말이다.

이런 모순 속에서 내가 무슨 고찰을 내놓을 수 있겠는가! 내가 고찰할 시간이 이제 한 순간밖에 없지만 이 순간은 먼 후대의 관심밖에 붙들지 못할 것이다. 구체제 아래에서는 모든 것이 타락했고, 모든 것이 유죄였다. 하지만 악덕의 실태 자체에서 세태의 진전을 확인할 수 있지 않을까? 여성은 아름답거나 사랑스러울 필요밖에 없었다. 이 두 가지 특혜를 가진 여성은 온갖 행운을 제 발 아래 거느렸다. 그걸 활용하지 않는 여성은 이상한 성격이거나, 아니면 부를 경멸하게 만드는 흔치 않은 철학을 가졌다. 이럴 경우 그 여성은 괴팍한 사람으로 간주될 뿐이었다. 더없이 저속한 여자는 금으로 존중받으려고 처신했다. 여자를 사고파는 거래는 일종의 일등 계급에서 받아들여진 일이었는데, 이 계급은 앞으로 명망을 잃게 될 것이다. 명망이 아직 있다면 혁명은 실패한 것이 될 테고, 새로운 관계에서도 우리는 여전히 부패하게 될 것이다. 그럼에도 여성에게는 전혀 다른 출셋길이 닫혀 있다는 걸 이성이 보지 못할 수 있을까? 남자들이 아프리카 해안에서 노예를 사듯이 사는 여성에게 말이다. 그 차이가 크다는 걸 우리는 안다. 이 노예는 주인을 지휘한다. 하지만 주인이 노예에게 보상 없이 자유를 준다 한들 모든 매력을 잃는 나이가 되면 이 불우한 여자는 어떻게 되겠는가? 멸시의 노리개가 된다. 자비의 문들조차 그녀에게는 닫힌다. 그녀는 가난하고 늙었다. 사람들은 말한다. 왜 재산을 모을 줄 몰랐을까? 더 가슴 아픈 다른 예들도 제시할 수 있다. 경험 없는 젊은 여인이 사랑하는 남자에게 매료되어 부모를 버리고 그를 따른다. 몇 년 뒤 배은망덕한 남자가 그녀를 버릴 것이다. 여자가 그의 곁에서 늙어갈수록 그의 변심은 비인간적일 것이다. 여자에게 아이가 있어도 그는 마찬가지로 그녀를 버릴 것이다. 그가 부자라면 자기 재산을 고결한 희생자들과 나누는 걸 면제받았다고 생각할 것이다. 어떤 약속이 그에게 의무를 지우면 그는 법에 기대어 의무의 위력을 위반할 것이다. 그가 결혼을 했다면 다른 모든 약속은 제 권리를 상실한다. 그러니 악덕을 뿌리까지 뽑을 어떤 법이 남아 있겠는가? 남성과 여성 사이의 재산 분배와 공적 행정에 관한 법 말이다. 부유한 집안에서 태어난 여성이 분배의 평등으로 많은 재산을 받으리라는 건 쉽게 생각할 수 있다. 하지만 가난한 집안에서 태어난 여성은 덕성과 자격을 갖추어도 어떤 몫을 받는가? 가난과 불명예뿐이다. 그런 여성은 음악이나 그림에서 명백히 탁월한 재능을 보이지 않는다면 제아무리 능력을 갖추어도 공직에 받아들여지지 못한다. 지금 내가 제시하려는 건 그저 간략한 통찰일 뿐이며, 며칠 후 주석과 함께 대중에게 내놓을 나의 정치적 저서의 새 판본에서 이 문제들을 깊이 다룰 생각이다.

풍속에 관해서는 내 텍스트를 그대로 쓰겠다. 결혼은 신뢰와 사랑의 무덤이다. 결혼한 여성은 남편에게 사생아를 안겨도 처벌받지 않을 수 있고, 재산은 아이들의 것이 못 된다. 결혼하지 않은 여성은 아주 미미한 권리밖에 갖지 못한다. 비인간적인 옛날 법들은 이런 여성의 자식들을 위해 아버지의 이름과 재산에 대한 권리를 인정해주지 않았는데, 이 방면에 관해서는 새로운 법이 만들어지지 않았다. 내가 나서서 내가 속한 성에 명예롭고 정의로운 일관성을 부여하려고 한다면 역설처럼, 불가능을 시도하는 것처럼 간주될 터이기에 나는 이 문제를 다룰 영광을 남성들에게 남겨둔다. 하지만 기다리는 동안 우리는 국가교육을 통해, 풍속의 복원을 통해, 부부간의 규범을 통해 그 영광을 준비할 수 있다.

남성과 여성의 사회계약 양식

우리 N과 N은 스스로의 의지에 따라 목숨이 다할 때까지, 서로의 애정이 이어질 때까지 다음과 같은 조건으로 결합한다. 우리는 재산을 공동 소유하기를 원하고 합의하되, 우리 자식들을 위해, 그리고 우리가 각별한 애정을 느낄 수도 있을 사람들을 위해 재산을 나눌 권리는 남겨둔다. 어떤 침대에서 생긴 자식이건 구분 없이 자식들에게 우리의 재산이 직접 귀속된다는 걸 서로가 인정하며, 모든 자식이 그들을 인정한 아버지와 어머니의 이름을 가질 권리를 인정하고, 또한 자기 혈육의 희생을 처벌하는 법에 동의해야만 한다. 또한 별거의 경우에는 재산을 분배해야 하며, 법으로 지정된 자식들의 몫을 공제해야 한다. 완벽한 결합의 경우, 죽는 쪽은 자기 재산의 반을 자식을 위해 양도할 것이다. 한쪽이 자식 없이 죽는다면, 죽는 사람이 공동재산의 반을 적합하다고 판단한 사람에게 처분하지 않았다면 남는 쪽이 그 권리를 물려받을 것이다.

이것이 내가 실행을 제안하는 부부 증서의 양식이다. 이 이상한 글을 읽고서 가짜 독신자들이, 정숙한 체하는 여자들이, 성직자가, 온갖 성가신 패거리들이 반대해 들고일어서는 게 보인다. 하지만 이 글이 현자들에게는 행복한 정부의 개선 가능성에 도달할 도덕적 방법들을 제공하지 않겠는가? 그 물리적 증거를 몇 마디 말로 제시하겠다. 자식 없는 부유한 쾌락주의자는 가난한 이웃의 집으로 가서 자기 가족을 늘리는 걸 아주 좋게 생각할 것이다. 가난한 자의 아내가 자기 자식들을 부자에게 입양시키는 걸 허용하는 법이 있다면 사회관계는 한층 긴밀해질 것이며 풍속도 한결 정화될 것이다.■ 이 법은 아마도 공동체의 재산을 지켜줄 것이며, 치욕과 천박함과 인간적 원칙들의 퇴화가 지배하고 오래전부터 자연이 신음해온 시료원으로 숱한 희생자들을 이끈 무질서를 억제할 것이다. 따라서 건강한 철학을 비방하는 자들은 원초적인 풍속에 항의하길 그만두거나 아니면 그들 인용문의 원전 속에서 헤맬 일이다.

나는 또한 애정을 가졌던 남자의 거짓 약속들에 속은 처녀들과 미망인들을 위한 법률도 제정되길 원한다. 절개 없는 남자가 약속을 지키도록 그런 법이 강제해주길 바란다. 아니면 그가 가진 재산에 걸맞은 배상금을 지불하도록 해주길 바란다. 또한 그 법이 여성들에게도 엄격하기를 바란다. 적어도 스스로 방탕한 행동으로 어긴 법에 뻔뻔하게 도움을 구하는 여자들에게는 엄격하기를 바란다. 그 증거가 있다면 말이다. 동시에 1788년에 「인간의 원초적 행복」이라는 글에서 내가 설명했듯이 창녀들이 지정된 거리에 머물기를 바란다. 풍속의 타락에 가장 기여하는 건 창녀들이 아니라 사회의 여성들이다. 후자의 여성들을 되살림으로써 우리는 전자의 여성들을

■ 아브라함은 이런 식으로 자기 아내의 하녀인 하갈에게서 대단히 합법적인 자식들을 얻었다.

변화시킬 수 있다. 이 우애적 결합의 관계는 처음엔 무질서를 낳겠지만 결국엔 완벽한 조화를 낳을 것이다.

여성들의 영혼을 고양시킬 불굴의 방법을 한 가지 제시한다. 그들을 남성의 모든 활동에 함께하게 하는 것이다. 남성이 이 방법을 실행 불가능한 것이라고 고집한다면 그는 자기 변덕이 아니라 법의 지혜에 따라 재산을 아내와 나눠야 할 것이다. 그러면 편견이 사라지고, 풍속이 정화되고, 자연이 제 모든 권리를 되찾는다. 거기에 사제들의 결혼도 덧붙여야 할 것이다. 그렇게 왕권이 강화되고, 프랑스 정부가 무너질 일은 없을 것이다.

유색인종들을 위한 법령이 우리 섬들에 초래하는 불안들에 대해서도 몇 마디 하지 않을 수 없다. 자연이 두려움에 떠는 것이 바로 그곳이다. 이성과 인류애가 아직 냉혹한 영혼들을 감동시키지 못한 것이 바로 그곳이다. 무엇보다 분열과 불화가 주민들을 동요시키는 것이 바로 그곳이다. 이 선동적인 술렁거림의 주모자들을 짐작하기란 어렵지 않다. 국민의회 내부에도 있다. 그들은 유럽에 불을 지르고 있고, 그 불은 아메리카까지 옮겨붙고 있다. 식민지 개척자들은 그곳 주민들의 아버지이고 형제이면서 폭군처럼 군림하려고 든다. 그들은 자연권들은 무시한 채 그들 피의 희미한 자취까지 그 원천을 좇는다. 이 비인간적인 식민지 개척자들은 말한다. "우리의 피가 그들의 혈관 속을 흐르지만 우리의 탐욕과 맹목적인 야심을 채우는 데 필요하다면 그 피를 몽땅 뿌릴 것이다." 바로 이런 곳들에서, 자연에 가장 가까운 곳들에서 아버지가 아들을 인정하지 않는다. 피의 외침에 귀를 틀어막고 피의 끌림을 깡그리 질식시키는 것이다. 그에 맞서는 저항에서 우리가 무엇을 희망할 수 있을까? 폭력으로 억누르는 건 오히려 그 저항을 공격적으로 만들고, 노예처럼 가두는 건 모든 재앙을 아메리카로 향하게 만든다. 신의 손이 인간의 전유물인 **자유**를 사방에 퍼뜨리는 것처럼 보인다. 이 자유가 방종으로 변질된다면 오직 법만이 그걸 억압할 권리를 갖는다. 하지만 이 법은 만인에게 평등해야 하며, 무엇보다 국민의회를 신중함과 정의로 만들어진 그 법령 속에 가두어야 한다. 이 법은 프랑스 국가에도 마찬가지로 적용될 수 있어야 하며, 나날이 더 끔찍해지는 옛 악습들에도 그렇듯이 새로운 악습들에도 세심히 적용되어야 한다! 입법권과 행정권을 조화롭게 바로잡아야 한다는 것이 나의 견해다. 왜냐하면 내 눈에는 한쪽은 전부이고, 다른 한쪽은 아무것도 아닌 것처럼 보이기 때문이다. 불행히도 바로 거기서 프랑스 제국의 파멸이 일어날지도 모른다. 나는 이 두 권력을, 좋은 가정을 꾸리자면 하나가 되어야 하지만 힘과 덕성에서 동등한 남자와 여자처럼 생각한다.

이혼의 권리와 사생아들의 공정한 지위를 위한 변론
오를레앙 공에게 보낸 발의안의 발췌본

올랭프 드 구주가 이미 1790년에 주장한 이혼의 권리는 2년 뒤에야 입법의회에서 합법화된다. 이 권리는 무엇보다 여성들에게 유리한 것이어서 나폴레옹은 서둘러 다시 이혼을 금지하고, 이 금지는 한 세기 이상 지속된다.

내가 제안한 이혼에 대해 고집하지는 않겠다. 인간의 자유와 풍속에 대단히 필요한 일이라고 생각되지만 말이다. 이 문제로 가장 득을 보는 건 후대다. (…)

그런데 치욕이라는 편견이 사생아들에게 사회의 통상적인 지위와 직위에 이르는 모든 시험을 가로막고 있다. 우리가 모든 악습을 근절하는 마당에 이 악습은 어떻게 남겨놓을 수 있겠는가!

대공이 더없이 비천한 여자의 태胎에서 태어난 아이에게 생명을 준다고 그가 귀족이 아닌 것이 아니듯이 이 편견이 내게는 참으로 터무니없고, 우습고, 자연에 어긋나는 것처럼 보인다. (…)

하지만 사회질서를 뒤흔들까 염려되니 결혼의 권리는 건드리지 말자. 너무 오래도록 인간 절반의 손실을 초래해온 불의만 지우도록 하자. 사생아들에게도 사회 속에서 명예와 공덕으로 두각을 나타낼 동일한 기회를 주자. 사생아도 신사의 자질과 재능을 겸비할 수 있으니 태생 때문에 존경받을 만한 가문과 인척 관계를 맺고 명예로운 자리에 이르는 것이 가로막혀서는 안 된다.

헌법에는 이런 조항이 빠져 있다. 신사 여러분, 여러분들이 이 조항을 채택하신다면 이걸 제안한 저로선 무한히 기쁘겠습니다.

1791

귀부인들을 위한 서문
또는 여성의 초상

『샹젤리제의 미라보』라는 극작품의 서문에서 올랭프 드 구주는 다시 한 번 여성들에게 더 연대할 것을 간청한다. 몇 달 뒤 국회 방청석에서도 그녀는 여전히 그녀 마음을 사로잡는 동일한 주제에 대해 다시 말한다. "여성들이여, 우리들 사이에서도 혁명이 일어나야 할 위대한 때가 아닙니까? 여성들이 언제까지나 서로 고립된 채 자신의 성을 헐뜯거나 상대 성에게 동정심을 불러일으킬 때가 아니고는 결코 사회와 하나가 되지 않아서야 되겠습니까? 우리가 여성들의 영혼을 고양하기 위해 아무것도 하지 않는 한, 여성들이 스스로 더 유용하고 더 일관성 있는 존재가 되도록 애쓰지 않는 한 국가는 번영할 수 없습니다." 여기서도 그녀는 사랑하는 자매들에게 동일한 호소를 한다.

참으로 사랑하는 나의 자매들이여, 나의 작품들에 가득한 온갖 오류들을 여러분에게 내어놓습니다. 여러분이 그것들을 정당화해줄 너그러움이나 용의주도함을 가져주길 제가 바라도 될까요? 아니면 모든 걸 차지하고 우리에겐 오직 사람들의 마음에 들 권리만을 허용하는 우리네 남성 학자들의 준엄한 비판보다 더 혹독하고 엄격한 비난을 여러분에게서 받게 될까 겁내야 할까요? 남성들은 우리가 오직 집안 살림을 잘 꾸려나가는 데만 적합하다고 주장합니다. 정신적인 것을 추구하고, 잘난 척 문학에 몰두하는 여성들은 사회에서 받아들일 수 없는 존재라고 여깁니다. 사회에 쓸모라곤 없는 골칫거리가 된다고 생각합니다. 이 다른 생각들에 어느 정도 근거가 있다고도 생각되지만 여성들이 살림과 정신의 이점을, 심지어 영혼의 미덕들과 마음의 자질들까지도 겸비할 수 있다는 것이 제 느낌입니다. 거기에 아름다움과 온순한 성격까지 갖춘다면 보기 드문 본보기가 될 것이라고 인정합니다. 하지만 누가 완벽을 주장할 수 있겠습니까? 우리에겐 그리스인처럼 피그말리온이, 다시 말해 갈라테이아가 없습니다. 그러니 참으로 사랑하는 나의 자매들이여, 우리끼리는 우리 결점들에 조금 더 너그럽고, 서로 결점들을 덮어주고, 우리 성을 위해 조금 더 일관성 있는 태도를 보이려고 애써야 할 것입니다. 남성들이 우리의 성을 억압하는 게 놀랍습니까? 그게 우리 잘못은 아닐까요? 남자처럼 생각하는 여자도 드물지만 더러 있습니다. 그러나 불행히도 대다수는 스스로 자신이 속한 제국의 매력을 파괴한다는 걸 내다보지 못한 채 매몰차게 힘 있는 쪽에 합세합니다. 우리네 피상적인 남자들이 신화라도 되는 양 바라보는, 여성들을 그토록 존중할 만하면서 동시에 흥미로운 존재로 만들었던 그 고대 기사도를 우리가 얼마나 아쉬워하지 말아야 할까요! 섬세한 여자들은 남자들이 여자들에게 기사도 시대에 보였던 더없이 순화되고 정중한 감정들, 그 행복한 시절을 아름다운 날들로 만들어주던 감정들과 정반대되는 감정을 즐겨 표현하는 것 같아 보이는 세기에 태어난 것에 얼굴이 붉어질 수밖에 없을 때 이 고귀한 기사도의 존재를 믿지 않으면서 어떤 기쁨을 느껴야 할까요. 안타까운 일입니다! 참으로 사랑하는 나의 자매들이여, 누구를 원망하겠습니까? 언제나 우리의 경솔함과 조심성 없는 행동을 원망해야 하지 않겠습니까? 지금 제가 여러분이 하듯이 우리의 결점들을 폭로하는 건 그 결점들을 고치기 위해서입니다. 모든 여성이 우리의 결점들을 가졌고, 우리의 장점들을 가졌습니다. 남자들도 대개 마찬가지지만 그들은 조금 더 일관성 있습니다. 그들에겐 얼굴이나 정신, 성격이나 몸가짐, 옷에 대한 경쟁심이 없습니다. 이 경쟁심은 우리를 분열시키고, 남자들에게 웃음거리가 되고, 그들의 훈육거리가 됩니다. 여자들은 대개 한꺼번에 요구가 많습니다. 누구보다 장점이 많은 여자들이 대개 누구보다 만족할 줄 모릅니다. 다른 여자에게 한 가지 재능을, 단 한 가지 장점을 칭찬하면 곧 우스꽝스러운 야심이 여자들을 사로잡아 문제의 여자에게서 100가지 결점을 찾게 만들지요……. 아! 나의 자매들이여, 참으로 사랑하는 나의 자매들이여, 이것이 우리가 서로에게 해야 할 일입니까? 남자들도 서로를 조금은 비방하지만 우리만큼은 아닙니다. 이런 것이 그들에게 우월의식을 심어주고, 우리를 웃음거리로 만듭니다. 우리가 동등한 여자들을 헐뜯지 않고는 기쁨을 누리지 못합니까? 저는 사람들이 자신을 존중하게 만들 줄 아는 재주를 가진 여자와 자신을 잊는, 그리고 타인의 명성보다 자신의 명성을 더 가꾸지 않는 품격 있는 여자를 구별하지 않습니다. 우리가 서로를 자주 만나게 되는 몇몇 여성 모임에서 보면 정신의 결점들은 어디서나 마찬가지가 아닌가 싶은 생각이 듭니다. 궁정 여자들은 하층민 복제품들의 원본입니다. 사회 분위기에 색조를, 맵시를, 유행을 심는 것이 이 여성들이지요. 검사장의 부인까지 이 유행을 따라하고 싶어하지 않는 여자가 없습니다. 거기에다 이 여자들끼리 주고받는 독설과 빈정거림을 덧붙여 보세요. 궁정 여자들보다는 덜 자연스럽고 덜 정치적이긴 하지만 이 계층이나 저 계층이나 늘 사소한 결점도 용서하지 않지요. 아, 공연을 하는 여성들은 또 어떻습니까! 차마 말을 계속할 수가 없을 정도입니다. 망설여집니다. 일단 발을 들여놓으면 늘어놓을 세세한 얘기가 너무 많을 것입니다. 여성은 보편적으로 자기 성별에 가혹합니다. 다시 말해 대체적으로 그렇다는 얘기입니다. 예외 없는 규칙은 없는 법이니까요. 하지만 재산과 명성을 남용하고, 끔찍한 이면을 내다볼 줄 모르는 여자들은 어떤 관점에서 보면 까다롭습니다. 승리에 눈이 먼 여자들은 여군주처럼 군림하고, 나머지 여자들을 노예처럼 마치 그들의 발아래에서 기기 위해 생겨난 존재처럼 생각합니다. 신앙이 독실한 여자들에 대해 말하려니, 오 하느님! 떨립니다. 머리 위로 머리카락이 곤두서는 게 느껴집니다. 이런 여자들은 매순간 광적인 처신으로 오직 온화함과 선의와 너그러움만을 발산하는 성스러운 가르침을 모독합니다.

(…)

오, 여성들이여, 그대들이 어떤 부류 어떤 처지 어떤 신분의 여성이건 보다 순박하고 보다 겸손하고 서로에게 보다 관대한 사람이 되십시오. 제 눈엔 이미 제 주위로 여러분 모두가 모여드는 것이 보이는 것 같습니다. 여러분께 건방지게 제 의견을 내놓은 대가를 치르게 하려고 제 불행한 삶을 뒤쫓는 성난 사람들처럼 말입니다. 하지만 이건 저도 관련된 문제입니다. 저한테 필요한 조언을 여러분께 내놓으면서 제 몫도 취했다는 걸 믿어주십시오. 저를 예외로 두고 인류에 관한 지식을 펼치려는 것이 아닙니다. 그 누구보다 불완전한 저는 제 결점들을 알고 있으며, 그것들과 전쟁을 벌이고 있습니다. 이 결점들을 파괴하려고 애쓰면서 저는 그것들을 공공 검열에 고발합니다. 제겐 감출 악덕이 없고, 다만 드러낼 결점들만 있습니다. 이런 고백에 보여야 마땅한 관용을 어느 남자 혹은 어느 여자가 거부할 수 있겠습니까? 모든 사람들이 똑같이 보지는 않습니다. 어떤 이들은 다른 이들이 비난하는 것을 칭찬합니다. 하지만 대개는 진실이 이깁니다. 있는 그대로 드러내는 사람은 추하거나 타락한 점이 없다면 언제나 우호적으로 보입니다. 어쩌면 저는 언젠가 저로선 전혀 예견할 길 없이 자연의 손에서 나온 작품들에 사람들이 할애하는 호평을 받게 될지도 모릅니다. 제가 자연의 드문 작품들 중 하나라고 말할 수 있습니다. 저의 모든 것은 자연에서 옵니다. 제게는 다른 스승이 없으며, 저의 모든 철학적 고찰도 제가 받은 교육으로 너무 깊게 뿌리 내린 결점들을 파괴할 수가 없습니다. 그래서 저는 종종 사회에 적응할 줄 모른다는 비난을 받았던 겁니다. 이렇게 제 기질을 내버려두는 것이 저를 탐탁지 않게 보이게 한다고, 그러나 제가 저를 소홀히 하지 않는다면 사랑스러운 여자들처럼 될 수도 있을 거라고들 말하지요. 이런 객설에 저는 제가 공부를 하는 것 이상으로 저를 소홀히 하지도 않는다고, 저는 오직 한 가지 제약밖에 알지 못한다고, 인간이 오직 노력으로만 극복할 수 있는 자연의 결점들이 그것이라고 대개 대답했습니다.

자기애로 열정을 이기는 여성이야말로 강한 여성이라고 마땅히 부를 수 있습니다.

1792.11

국민공회 의장 제롬 페티옹에게 보내는 막시밀리앙 로베스피에르의 해명에 대한 대답

1792년부터 과격한 산악당과 온건한 지롱드 당이 정치 무대에서 대적한다. 지롱드파는 국회에서 "공포정치"의 신봉자들인 로베스피에르와 마라를 축출하고 싶어한다. 11월 5일, 로베스피에르가 연설로써 승리를 거두고 여론을 뒤집는다. 이날 아침, 올랭프 드 구주는 파리 전역에 로베스피에르에 반대하는 선동적인 글을 게시했다. '막시밀리앙 로베스피에르에 대한 예측'이라는 제목의 붉은 벽보였다. 그가 승리를 거둔 이튿날, 그녀는 공개편지에서 우민정치를 펼친다고 그를 비난한다.

한때 그를 철학자들의 모범으로, 순박하고 덕성스러운 사람이라고 짐작했던 제 실수를 용서해주십시오. 순간적인 실수였을 뿐입니다. 우리 모두가 마음과 정신의 화해를 빚지고, 너무도 오랫동안 선량한 시민들의 맹신으로 지탱해온 왕의 배신행위를 지각하게 된 10일 하루가 제 눈을 뜨게 했습니다.

곧 공연으로 올릴 10일 하루에 대한 극작품에서 참으로 기쁘게도 저는 당신께 더없이 끔찍한 상황에서 펼쳐 보인 위대한 기개를 표현할 수 있었습니다! 제가 이 작품에 붙인 제목 '구출된 프랑스La France sauvée'가 이 공화국과 공화국의 영광된 운명을 일러주는 전조이기에 더욱 행복했습니다.

(…) 막시밀리앙 로베스피에르에 반대하는 몇몇 거친 표현들을 당신이 좋아하지 않으시리라는 건 압니다. 그 표현은 공익이 위험에 빠진 걸 본다고 생각한 저로선 막을 길 없이 솟구쳐 나온 표현 가운데 하나입니다. 하지만 열기 넘치는 생각 너머로 당신은 음모자들에게 방패막이가 되어줄 선량한 영혼의 그림자를 보실 수 있을 겁니다. 살인자들의 칼이 저들을 향해 돌아선다면 말입니다. 이것이 모두가 아는 제 기질의 바탕입니다.

로베스피에르, 그대가 이제 막 나를 미망에서 깨어나게 했다. 그대는 스스로 고소인들에 맞서 권리에 토대를 둔 정당한 복수를 포기했다는 걸 우리에게 알려주었다. 그대는 평화의 복귀만을, 사적 증오의 망각과 자유의 유지만을 요구하고 있다. 이 무슨 갑작스러운 변모인가! 그대가 사심이 없다고? 그대, 철학자가? 시민들과 평화와 질서의 친구인 그대가? 그대에게 이런 격언을 인용할 수 있겠다. "악인이 선을 행할 때는 큰 악을 준비하는 것이다……." 그대의 야심을 말해주는 이 상투어는 꼭 우리에게 장례 음악을 준비하는 것 같다. 내 생각이 틀릴 수도 있으니, 혹여 그렇다면 용서해주시라. 그대가 사적인 야심에 심취해 있듯이 나는 조국에 대한 사랑에 심취해 있으니.

그대는 그대에게 반대해 사형대처럼 쌓아 올린 온갖 고발들을 벗으려고 연단에 올랐다. 물론, 적들을 쓰러뜨릴 수 있는 힘을 가졌을 때는 제아무리 비방을 받아도 아무 소용 없다. 하지만 그대가 거둔 승리는 피고에게 한 점 의혹도 남기지 않는 무고의 승리와는 거리가 멀다! 로베스피에르, 난 그대를 측은히 여기고, 그대를 혐오한다. 우리의 영혼에 어떤 차이가 있는지 보라. 내 영혼은 진정으로 공화주의자의 것이요, 그대의 영혼은 한 번도 그런 적이 없었다. 내가 군주제를 택한 것처럼 보였던 것은 이 통치 형태가 프랑스 정신에 더 적합하다고 굳게 믿었기 때문이다. 하지만 나의 원칙들이 덜 순수하다고 그대 스스로 말할 수 있는가? 미라보처럼 내가 입헌군주제를 고수하려고 했던 건 모두의 안녕을 위해서였다. (…) 그대 의식의 미로 속으로 내려가 용기가 있다면 그대가 한 말을 번복해보라. (…)

(…) 진실된 제국은 한 인간의 사적인 것이 아니다. 그것은 보편적 이성의 원칙을 지키는 모두의 것이다. 그대는 적어도 여성들이 거기서 배제되지 않는다는 사실에는 나와 의견을 같이할 것이다. 그대가 한 연설이 꾸밈없는 언어였다면 그렇게 잘 말한 적이 없었을 테고, 그보다 더 능변이었던 적이 없고, 그보다 더 설득력 있었던 적이 없었을 것이다. 진짜 철학자들이 그대에게 얼마나 유리하게 말할지 판단해보라. 그대는 사람들의 정신을 설득하는 게 아니라 어지럽힌다. 그리고 반대로 페티옹은 다시 바로잡는다. 그는 사람들의 마음과 영혼을 불타오르게 한다. (…)

말해보라, 막시밀리앙, 그토록 힘 있는 그대가 국민공회에서 왜 문인들을 두려워했는지? 폭군들을 무너뜨리는 데 기여한 철학자들에 맞서 국회에서 왜 그대가 천둥같이 고함쳤는지? (…) 그대는 국민공회를 무시하고 시민들을 깨우쳐 쓸모없는 인간들로 구성된 의회를 만들고 싶었는가? 차라리 의회 위에 군림하려고 했던 게 아니었나? 간청하니 내게 대답해보라. (…)

그대와 카토B.C.234~B.C.149, 로마의 정치가이자 웅변가 사이의 거리를 아는가? 마라와 미라보 사이의 거리를, 모기와 독수리의 거리를, 독수리와 태양의 거리를 아는가?

나는 그대가 아직도 옛날의, 그리고 근래 왕위 찬탈자들과 같은 수준에 오르려는 경박한 생각에 골몰하고 있다고 확신한다. (…) 변덕, 대중의 열광, 혁명적인 기괴한 언동은 기적을 낳을 수 있고, 침탈자에게 왕위를 안겨줄 수도 있다.

결론적으로, 나는 그대에게 나와 함께 센 강에서 멱이나 감자고 제안한다. 하지만 그대가 10월 10일부터 뒤집어쓴 오물을 완전히 씻으려면 우리는 발에다 16개에서 24개의 포탄을 달고 함께 강물에 뛰어들어야 할 것이다! 그대의 죽음은 사람들의 정신을 진정시킬 것이며, 순수한 생명의 희생은 하늘의 노여움을 누그러뜨릴 것이다.

1793

혁명법정에 선 올랭프 드 구주의 변론

죄진 자를 떨게 하고, 무고한 사람조차 벌벌 떨게 만드는 무시무시한 법정이여, 내게 죄가 있다면 엄중하게 심판하기를 바란다. 하지만 진실에 귀를 기울여달라.

무지와 악의가 마침내 그대 앞에 나를 소환했다. 나는 이런 물의를 꾀하지 않았다. 어둠 속에서 민중의 대의에 봉사하는 것에 만족한 채 나는 자부심을 갖고 겸허하게 오직 후대만이 조국에 참으로 기여한 사람들에게 내려줄 수 있는 특별한 왕관을 기다려왔다. 이 찬란한 왕관을 얻기 위해 아마도 나는 더없이 흉악한 박해의 대상이 되어야 했던 모양이다. 그것으로도 부족해서 나는 중상과 시기와 싸워야 했고, 배은망덕을 극복해야 했다. 흔들리지 않는 순수한 양심, 이것이 나의 변호인이다.

비루한 밀고자들이여, 두려워하라. 그대들의 통치는 폭군들의 통치처럼 지나갈 것이다. 무질서와 학살의 사도들이여, 오래전부터 나는 그대들을 인류에 고발해왔다. 바로 그래서 그대들이 나를 용서하지 못하는 것이리라.

구체제의 편견들에 사로잡힌 늙은 노예들이여, 궁정에 고용된 하인들이여, 거짓된 공화주의자들이여, 위대한 기질을 갖고 참으로 공화주의적인 영혼을 갖고 태어난 여자를 고소하는 것이 그대들에게 참으로 잘도 어울린다. 그대들은 내가 이 특혜들을, 자연이 준 소중한 재능들을, 나의 사적인 삶과 나의 애국적 작업들을 자랑스럽게 여기게 만든다. 그대들이 프랑스 국가에 흔적을 남긴 오점들은 곧 법이 사형대 위에 흐르게 할 그대들의 피로써만 씻길 수 있다. 나를 감옥에 집어넣으면서 그대들은 그대들의 음모를 방해하는 감시꾼을 없애려고 했다. 근대적 폭군들이여, 두려움에 떨라! 내 목소리가 내 무덤 바닥에서 들려올 것이니. 내 담대함이 그대들에게 악행을 더 저지르게 만드니 나는 용기와 정직함으로 무장하고 그대들이 조국의 참된 지지자들에게 행한 폭정에 대한 해명을 요구한다.

나를 판단할 법관들이여, 그대들은 나를 알아야 할 것이다! 온갖 열정의 충격에 휩싸인 프랑스를 분열시킨 당들과 체제들과 음모의 적인 나는 새로운 길을 개척했다. 나는 오직 내 눈으로만 보았고 오직 내 영혼의 말만 듣고 내 나라에 봉사했다. 어리석은 자들에 용감히 맞섰고 악인들에게 돌을 던졌으며 전 재산을 혁명에 바쳤다.

나를 범죄 사건에 연루시킨 자들을 이끈 동기가 무엇이겠는가? 증오와 기만이다.

로베스피에르는 언제나 내게 재능 없고 영혼 없는 야심가로 보였다. 나는 그가 독재에 이르기 위해 국민 전체를 희생시킬 준비가 되어 있는 사람이라고 보았다. 그 피비린내 나는 광적인 야심을 두고 볼 수가 없어 나는 전제군주들을 뒤쫓듯이 그의 뒤를 쫓았다. 이 비겁한 적의 증오심은 오랫동안 잿더미 속에 감춰져 있었고, 그때부터 그와 그의 지지자들은 나를 그의 복수에 희생시킬 기회만 탐욕스레 노려왔다.

프랑스인들은 아마도 내가 조국을 위해 위대하고 유용한 일을 했음을 잊지 않았을 것이다. 나는 오래전부터 조국을 위협하는 임박한 위기를 알아보았고, 새로운 노력으로 조국에 봉사하려 했다. 격문에 실은 세 개의 투표함 계획이 내게는 조국을 구할 유일한 방법으로 보였는데, 이 계획이 바로 내 구금의 구실이다.

공화국의 법들은 어떤 비합법적인 권위가 시민들을 해치지 못하도록 정하고 있다. 그런데도 구체제의 종교재판관들이 부끄럽게도 인간 정신의 산물에 행사했던 것과 같은 자의적인 행위로 자유로운 민중에 속하는 나의 자유를 강탈했다.

헌법 제7조에는 사상과 언론의 자유가 인간의 가장 소중한 자산으로 인정되어 있지 않은가? 이 권리, 이 자산, 이 헌법이 그저 막연한 문장들일 뿐이란 말인가? 헛된 의미만을 표명하고 있단 말인가? 안타깝다! 나는 그 법들을 참으로 슬프게 경험했다. 공화주의자들이여, 내 말을 끝까지 주의 깊게 들어달라. 한 달째 나는 갇혀 있다. 혁명법정에 보내지기도 전에 나는 이미 로베스피에르의 최고법원이 내린 판결을 받았고, 일주일 후에 단두대에서 목이 잘리기로 결정되었다. 나의 무고함, 나의 힘, 내 구금의 잔혹성은 아마도 이 피의 밀담에 새롭게 생각할 거리를 안겼을 것이다. 그는 나 같은 사람을 기소하기가 어렵다는 걸, 그래서 이 같은 테러 혐의를 벗기가 어려우리라는 걸 느꼈을 것이다. 그래서 나를 미친 여자로 만드는 것이 더 자연스러운 일이라고 생각했을 것이다. 미쳤건 아니면 분별 있건 나는 내 나라를 위하는 일을 단 한 순간도 그만둔 적이 없다. 당신들은 결코 이 덕행을 지우지 못할 것이며, 당신들의 뜻에 어긋나게 당신들의 전제정치 자체가 그것을 가장 외딴 곳의 국민들에게까지도 지울 수 없는 특성으로 전할 것이다. 하지만 인류에, 그리고 후대에 고발해야 하는 건 당신들의 독선적인 행위와 파렴치한 잔혹 행위다.

내 죽음의 판결을 당신들이 바꿔놓은 건 언젠가 아주 흥미로운 극작품의 주제가 되어줄 것이다. 하지만 나는 그대를 계속 뒤쫓을 것이다. 분노가 불화의 독을 콸콸 토해내는 지옥의 동굴까지라도. 진짜 공화주의자들이 자유의 여신상 주위로 결집하지 않는다면 그대의 광신자들이 공화국 전역에 불화를 심어 프랑스의 완전한 소멸을 초래할 것이다.

사슬에 묶인 로마에는 네로가 한 명밖에 없었다. 그리고 자유로운 프랑스에는 100명이나 있다.

시민들이여, 눈을 뜨라. 때가 되었다. 이어지는 사태에서 눈을 떼지 말라.

시의 벽보업자에게 직접 내 플래카드를 가져갔더니 그자가 그걸 읽어보라고 청했다. 내가 몰리에르의 하녀에 비교한 그의 아내는 읽는 동안 미소를 지었고, 동의의 신호를 보냈다. 그녀가 말했다. 좋습니다. 내일 아침에 벽에 붙이겠어요.

이튿날 내가 얼마나 놀랐는지 아는가? 내 벽보가 보이지 않았다. 나는 그 여자를 찾아가서 이 예기치 못한 사고의 이유를 물었다. 그녀의 기괴한 말투와 대답에 나는 더욱 놀랐다. 여자는 내가 자기를 속였으며, 내 벽보가 어제는 오늘 속삭이는 소리와 아주 다르게 속삭였다고 말했다.

나는 생각했다. 악인들이 이런 식으로 자연의 건전한 판단을 타락시키는구나. 하지만 나는 내 나라의 안녕만을 바라기에 그 여자에게 이걸 판단할 만한 누군가 이 벽보가 공공 이익에 해가 될 수 있다 한다면 나 스스로 벽보를 소각하겠다고 말했다. 이 사건은 내게 지방 권한들을 되살리려는 것처럼 보이는 행복한 상황에 고찰하게 만들었고, 이 벽보를 게재하는 걸 가로막았다. 나는 그걸 공안위원회에 넘겨 의견을 물었다. 그리고 그걸 처분하기 위해 대답을 기다렸다.

이틀 뒤 나는 체포당했고, 시청으로 끌려갔다. 그곳에서 나는 현자이며 공화주의자인 냉정한 법관 마리노르를 만났다. 나를 보자 유력한 자리에 앉은 사람이 반드시 갖춰야 할 덕성들이며 보기 드문 그의 모든 자질들이 사라졌다. 나는 포효하는 한 마리 사자, 고삐 풀린 호랑이, 철학적 추론이 열정을 격화시킬 뿐인 이성 잃은 사람밖에 보지 못했다. 그가 말을 멈추기를 대중 앞에서 세 시간이나 기다리고 났더니 그는 종교재판관처럼 그의 하수인들에게 말했다. "이 부인을 독방으로 데려가고, 세상의 누구도 그녀에게 말을 걸지 못하게 하라."

체포되기 전날 나는 넘어져서 왼쪽 다리를 다쳤다. 나는 열이 났고, 분노도 나를 희생자들 가운데 가장 불우한 사람으로 만드는 데 크게 기여했다. 내가 갇힌 곳은 길이가 6피에에 넓이가 4피에 정도인 다락이었고, 거기엔 침대 하나뿐이었다. 밤낮으로 경찰관 한 명이 1분도 내 곁을 떠나지 않았다. 이런 건 바스티유 감옥이나 종교재판의 감옥에서조차도 예를 찾아볼 수 없는 무례한 처우였다. 이 권력 남용은 공공 정신이 철저히 타락했다는 증거며, 국민공회가 법령들을 뒤엎고 법을 완전히 마비시키고 있는 이자들을 축출하지 않는다면 프랑스인들이 잔혹한 종말에 도달했음을 보여주는 증거다.

그렇지만 경찰의 성실성과 나에 대한 존중은 칭찬할 만하다. 내 고통스러운 상황이 그들에게 여러 번 눈물을 흘리게 했다는 사실도 덧붙여야겠다. 내가 설령 범죄자였더라도 밤마다 고열에 시달리고 다리에 피멍울이 맺힌 것이며 이 모든 것에 건강한 인류의 자비로운 도움의 손길이 필요했다. 아! 프랑스인들이여, 나는 눈물을 흘리지 않고는 이때 받은 처우를 떠올리지 못한다. 자칭 대중적이라고 일컫던 법관들이 일주일 동안이나 내게 의사를 불러주고 세탁물을 가져다주는 걸 금할 정도로 가혹했다는 걸 여러분은 믿기 힘들 것이다. 땀에 절은 똑같은 블라우스를 스무 번이나 입은 채 말려야 했다. 파리 시청의 한 여자 요리사가 내 상태를 보고 측은한 마음에 자기 블라우스 하나를 가져다주었다. 이 선행이 발각되어 그

가련한 여자가 더없이 혹독한 질책을 받았다는 사실도 나는 알게 되었다.

몇몇 정직한 관리들이 이 처우에 너무도 분개해서 내 심문 일자를 잡았다. 그 터무니없는 심문에서 판관의 악의와 편파성을 알아보기란 쉬웠다. 그는 내게 물었다. "당신은 자코뱅 당원들을 좋아하지 않지요. 그들도 당신을 좋아하지 않을 권리가 있어요!" 나는 결백했기에 당당하게 대답했다. "저는 이 사회를 구성하는 선량한 시민들을 좋아합니다. 하지만 모사꾼들은 좋아하지 않습니다." 내가 사면되려면 인간의 이름을 달 자격이 없는 그 호랑이들에게 아첨해야 한다는 걸 나도 알고 있었다. 하지만 거리낄 게 전혀 없는 사람은 두려워할 것도 전혀 없는 법이다. 나는 그들에게 맞섰다. 그들은 혁명법정을 거론하며 나를 협박했다. 나는 그들에게 말했다. "거기서 당신들을 기다리지요." 내 글들에도 봉인 도장을 찍어야 했다. 9일 뒤 나는 다섯 명의 경찰관에 이끌려 집으로 갔다. 그들 손에 집히는 종이마다 내 애국심과 더없이 아름다운 대의에 대한 사랑의 새로운 증거였다. 처음에 선입견을 갖고 왔던 이 경찰들은 찾아내는 것마다 내 죄를 덜어주는 것이자 놀랐고, 차마 봉인 도장을 찍을 용기를 내지 못했다. 그들은 손으로 쓴 것이나 인쇄된 내 모든 원고들에서 애국심과 공화주의 사상밖에 드러내지 않는다는 사실을 조서에 시인할 수밖에 없었다. 나를 풀어줘야만 했다. 바로 여기서 내 판관들은 곤혹스러워했다. 자신들이 한 말을 번복하고 가증스러운 대접을 잊어달라고 내게 용서를 구하며 중대한 불의를 바로잡는 걸 이런 비열한 영혼들이 할 리가 없었다. 그들은 나를 수도원으로 이송하는 편이 낫겠다고 생각했고, 나는 3주 전부터 이곳, 벽에 게재된 9월 2일자 희생자들의 피가 보이는 감방에서 지내고 있다. 내 감수성으로는 차마 보기 힘든 고통스러운 광경이다. 눈길을 돌려보지만 소용없고, 내 영혼은 찢어진다. 매 순간 나는 이 가련한 삶을 끝장내지 못하고 죽어가고 있다.

사실에 충실한 이 이야기는 내가 받은 끔찍한 대접에 비하면 한참 부족하지만 혁명법정의 주목을 끌어 내 번민을 끝내줄 것이다. 세 개의 투표함에 관한 내 계획이 프랑스가 위협받는 수치스러운 굴레로부터 프랑스를 구할 수 있다는 걸 불행히도 너무 늦게 알게 될 때 법정은, 또 프랑스인들은 얼마나 놀라겠는가? 마침내 신의 섭리가 아름다운 영혼에 불어넣어준 위대한 대책 가운데 하나로 내가 국민의 명예를 깨우고, 반역자들을 파괴하고 이방인을 몰아내기 위해 국민 전체가 일어서도록 부추겼다는 걸 알게 될 때 말이다. 물건처럼 펼쳐서 게시할 수 없는 이 벽보와 내 기억은 손으로 배포하는 방법을 통해 대중을 깨우칠 것이다. 그렇다, 동시대 시민들이여, 이 부정의 극치는 내 나라에 도움을 줄 것이다. 그런 대가라면 나는 더 이상 불평하지 않겠다. 내게 다시 한 번 이 기회를 준 악의에 감사한다.

그리고 너, 어떤 운명을 살게 될지 알 수 없는 내 아들아, 참된 공화주의자로서 너를 자랑으로 여기는 네 어미에게 오너라. 저들이 네 어미에게 가한 불공정한 대접에 분개하거라. 내 적들이 너한테까지도 중상의 결과를 미칠지 모르니 조심하거라. 8월 3일자 〈주르날 드 롭세르바퇴르 드 유럽〉이나 〈에코 들 라 리베르테〉에는 투르에서 썼다는, 매수된 고발자의 편지가 실렸다. "이곳에는 올랭프 드 구주의 아들이 장군으로 있다. 그는 베르사유 궁의 옛 공복이다." 이렇게 상스러운 거짓말에 반박하기란 쉽지만 음모를 꾸미는 자들에겐 입증할 필요가 없단다. 그들은 훌륭한 군인의 명성에 신망을 떨어뜨릴 말을 그저 던지기만 하면 된단다. 네가 적의 술수에 쓰러지지 않는다면, 내 눈물을 닦아주도록 네 운명이 너를 지켜준다면, 공익에 꼭 필요한 사람들을 전근시키는 재능 외에 다른 재능이라곤 없는 자들에게 네 직위를 넘겨주거라. 참된 공화주의자가 되어 네 어미의 박해자들에게 피해자가 당한 대로 똑같이 갚아주는 법을 요구하거라.

올랭프 드 구주

또 하나의 혁명

장면 하나. 여자들이 창과 도끼, 쇠스랑과 몽둥이를 들었고, 대포 실은 수레까지 끌고 있다. 대개가 서민들이고 무기를 들지 않은 부유한 차림의 여자들도 간혹 눈에 띈다. 무슨 그림일까? 프랑스대혁명의 한 장면이다. 1789년 10월 5일 베르사유로 행진한 7000여 명의 성난 파리 여성들이다. 그해 7월 14일에 민중이 바스티유 감옥을 탈취하면서 혁명은 시작되었지만 실업이 늘고 빵값이 치솟아 파리는 굶주린 상태였다. 그때, 왕의 근위대 병사들이 혁명의 상징인 삼색휘장을 짓밟고 모독했다는 소문이 들려왔고, 여자들이 격분해서 들고일어났다. 군중은 "빵을 달라" "혁명을 모독한 병사들을 벌하자"라는 구호를 외치며 반나절 만에 베르사유 궁에 이르렀다. 이날 밤 왕궁에 잠입한 일부 군중에 왕비 마리 앙투아네트가 살해당할 뻔한 일이 벌어지자 이튿날 루이 16세는 미뤄온 '인권 선언문'을 승인했고, 식량문제 해결을 약속했다. 그리고 '파리로!'라고 외치는 군중에 이끌려 왕실은 절대왕정의 상징인 베르사유 궁을 완전히 버리고 파리로 향했다. 기이한 행렬이었다. 무장한 여자들이 왕실 마차를 호위했고, 앞장선 이들의 창끝에는 살해당한 경호병 두 명의 목이 내걸렸다. 이날 이후로 왕은 사실상 파리의 튈르리 궁에 갇힌 신세가 되었다. 이렇듯, 역사가 미슐레의 말처럼 "바스티유를 잡은 건 남자들이지만 왕을 잡은 건 여자들이었다." 잡범 일곱 명밖에 갇혀 있지 않았던 바스티유 감옥을 탈취한 행위가 상징적이었다면, 베르사유 행진은 지지부진하던 혁명에 다시 힘을 불어넣은 결정적인 사건이었다.

프랑스대혁명 시기에 여자들은 발 벗고 행동에 나섰다. 나라 살림과 혁명의 대의에 보탬이 되도록 보석을 내놓았고, 주요 봉기 때마다 거리를 점령하고 남자들에게 행동에 나서라고 촉구했다. 여성 단체를 만들고 함께 모여 법률과 신문을 읽고 정치 문제를 토론했다. 시민으로 인정받기 위해 국민군에 가담할 권리를, 삼색휘장을 달 권리를, 정치에 참여할 권리를 요구했다. 의결에 참여할 권리를 갖지 못하자 여자들은 청원서를 쓰고, 대중에게 허락된 국회 방청석을 차지하고 의견을 표명했다. 그러나 입법자들을 향해 목청을 높이는 이 여자들을 남자들은 "뜨개질하는 여자들"이라 불렀고, 이 말은 "뜨개질하던 양말을 손에 든 채 입에 거품을 물고 한꺼번에 고함쳐대는 서민 여자들"을 의미하는 멸시 어린 호칭이었다. 이 여자들의 맹렬한 지지를 업고 정권을 잡은 자코뱅 당은 그들을 철저히 배반했다. 지적 열등성과 생래적 한계 때문에 여성은 시민 자격에 미달한다고 선언했고, 여성 단체를 폐지했다. 여자가 길거리에서 다섯 명 이상 모이는 것조차 불법으로 규정하며 입을 틀어막았다. 대단히 능동적으로 혁명에 가담하고도, 아니, 남자들이 겁낼 정도로 맹렬히 치맛바람을 일으킨 죄로 여자들은 조롱당했고, 길거리에서 벌거벗겨져 매를 맞고 정신병원에 보내지거나 목이 잘렸으며, 역사에서 일화처럼 축소되거나 지워졌다. 근대적 인권 개념을 발명했고, 어느 나라보다 앞서 유대인에게 시민권을 부여했으며, 세계 최초로 노예제도를 철폐한 프랑스에서 말이다. 결국 이 나라 여성은 아주 뒤늦게, 1944년에 이르러서야 참정권을 얻었다.

이 책은 배반당하고 망각된 이 여성 혁명가들에 주목한다. 그 가운데서도 대표적인 인물인 올랭프 드 구주를 망각의 역사에서 불러내어 그녀의 목소리를 들려준다. 혁명의 세기가 끝내 내주지 않았던 연단에 이 책이 그녀를 세운 건 단지 그녀가 여성의 인권을 선언한 선구적인 페미니스트여서만은 아니다.

일부의 인권이 아니라 모두의 인권을 부르짖다 단두대에 올랐던 그녀의 삶과 죽음이 혁명의 가려진 다른 얼굴을 보여주기 때문이고, 세상의 온갖 불의와 차별과 편견에 맞서 사회정의를 세우려고 애쓴 그녀야말로 진정한 혁명가였기 때문이다. 흑인 노예, 노인, 실업자, 비위생적인 환경에서 출산하다 죽어가는 산모, 사생아, 미혼모 등 사회의 모든 약자들, 소수자들에 대한 인식과 처우 개선에 마음을 쓰고, 나은 사회를 만들기 위해 대단히 전위적인 사회사업이나 제도 들을 제안한 위대한 개혁가였기 때문이다. 실업자를 위한 공공작업장이며 배심원 판결 제도의 전신인 민간 법정의 창설을 주장하고, 두 세기가 지나야 생겨날 '시민연대협약PACS'과 유사한 동거 형태를 '사회계약'이라는 이름으로 제안하는 등 이 특출한 여성의 생각이 놀랍도록 현대적이기 때문이다.

1989년, 프랑스혁명 200주년을 맞아 파리 시는 예술가 백남준에게 혁명을 기리는 작품을 의뢰했다. 백남준은 숱한 영웅들 가운데 혁명을 대표하는 얼굴로 루소, 볼테르, 로베스피에르, 디드로 그리고 올랭프 드 구주를 선택했고, 200대의 TV 모니터를 활용해 비디오 아트 작품을 만들었다. 혁명 속에서 또 하나의 혁명을 벌이다가 목 잘린 이 위대한 여성 혁명가는 그렇게 두 세기 만에 삼색휘장을 당당히 두른 '전자 요정Olympe de Gouges, La fée électronique'의 모습으로 프랑스대혁명의 주역이 되어 파리현대미술관에 자리하고 있다.

2014년 9월

백선희

올랭프 드 구주 연보

1748년 몽토방의 푸줏간 주인 피에르 구즈와 안 올랭프 무이세의 딸로 태어난다. 사실은 문인인 르 프랑 드 퐁피냥 후작의 혼외 딸로 마리 구즈Marie Gouze가 본명이다.

1764년 열여섯 살의 나이로 몽토방에서 식사관리인이었다가 연회용 파견 요리사가 된 루이 이브 오브리와 결혼한다.

1765년 홍수로 남편을 잃고 피에르 오브리라는 이름의 아들 하나를 둔 과부가 된다. 이후 결코 결혼하지 않는다. 부유한 독신자 자크 비에트릭스 드 로지에르를 따라 아들과 함께 파리로 간다. 오브리 부인이라 불리길 거부하며 어머니의 이름인 '올랭프'에 자신의 성인 '구즈'를 '구주Gouges'로 변형해 덧붙인다. 파리에서 이후의 행적은 그녀의 미모와 더불어 여러 억측을 낳는다.

1780년 서른두 살의 나이로 글을 쓰기 시작한다. 문맹이었으므로 비서에게 받아 적게 하여 저술한다.

1785년 첫 번째 극작품 『자모르와 미르자Zamore et Mirza』를 코메디 프랑세즈의 대본 심의위원회에 제출한다. 이는 연극에서 최초로 흑인 노예제도를 다룬 경우다. 식민지 개척주의자들과 고압적인 코메디 프랑세즈 단원들의 거친 반발을 산다. 연이어 『루신다와 카르데니오Lucinde et Cardénio』 『게루빔의 사랑les Amoours de chérubin』을 집필한다.

1786년 『게루빔의 사랑』을 '게루빔의 뜻밖의 결혼le Mariage inattendu de chérubin'으로 제목을 바꾸어 출간한 작품이 비평가들의 호평을 얻는다. 1789년까지 코메디 프랑세즈 단원들이 보이는 경계 태세에도 아랑곳 않고 극작 활동에 전념한다.

1788년 '흑인들의 노예상태l'Esclavage des Nègres'로 제목을 바꾼 『자모르와 미르자』의 공연을 코메디 프랑세즈가 결정하자 이를 기회로 2월에 「흑인들에 관한 성찰Réflexions sur les hommes nègres」을 출간한다. 이로써 '흑인 노예무역 철폐를 지지하고 행동한 용기 있는 사람들의 명부'에 실린 유일한 여성이 된다. 『니농 집의 몰리에르Molière chez Ninon』를 발표한다.
첫 정치 책자 「한 여성 시민이 쓴 민중에게 보내는 편지 또는 애국 기금 계획」을 펴낸다. 이듬해까지 열광적인 애국자들의 의식이 줄을 잇는데, 수많은 여성들이 국회에 보석을 내놓고 올랭프 드 구주 또한 수입의 4분의 1을 보낸다. 몇 달 뒤 민중에게 보내는 편지에 애국적인 고찰을 덧붙여 책자를 보완한다.

1789년 프랑스혁명이 발발하고 '인간과 시민의 권리 선언'이 선포된다. 한 해 동안 올랭프 드 구주는 다양하고 참신한 정치적 의견을 12편이 넘는 책자로 게시하거나 출간한다. 코메디 프랑세즈의 절대적 권력을 견제하고자 또 다른 프랑스 국립극장과 전문 여성병원의 창설을 제안한 「제2의 국립극장과 조산원 계획」을 선보인다. 삼부회 소집 소식을 듣고는 의회 분열을 염려하며 여러 의원들에게 편지와 소책자를 보낸다. 한 동향인에게는 자신의 권고를 요약한 「한 여성이 부르짖는 현자의 외침」을 건넨다.

1790년 세계 페미니즘사에서 괄목할 만한 시기로 영국의 메이 울스턴크래프트와 독일의 판 히펠의 여성 시민권에 관한 논의가 등장한다. 그러나 프랑스의 입헌의회에서 유일한 혁명기 페미니스트 콩도르세의 제안들은 대대적인 지탄에 부딪히고 차이 속의 평등을, 여성을 배제한 보통선거를 지지하는 의원들의 반발을 샀다.

4월 극작품들의 실패와 애국적인 계획들에 대한 무관심에 잠시 지친 올랭프 드 구주는 프랑스 민중에게 보내는 마지막 편지라고 여긴 글 「네케르와 드 구주 부인의 망명 또는 드 구주 부인이 프랑스인과 네케르 씨에게 보내는 작별 인사」를 펴낸다.
이혼에 대한 권리 옹호에도 목소리를 높인다.

1791년 사망한 정치가 미라보에게 바치는 추도시를 낭독하고 코메디 이탈리엔에서 『샹젤리제의 미라보Mirabeau aux Champs-Élysées』를 공연한다. 이 작품의 서문에서 여성의 연대를 다시 한 번 간청한다. 문학 활동보다 정치적 활동에 더 열중한다.
남자들의 원칙적인 적의와 겁을 먹은 여성들의 연대 부재 사이에서 「여성과 여성 시민의 권리 선언」을 출간한다. 단순히 인권선언의 모방작을 넘어서 시민의 자유를 개인의 자유로 전유한 이 선언은 2세기 후에도 관심사의 중심이 될 근대적인 정치 선언이 된다.

1792년 입법의회는 여성의 시민권을 인정하고 이혼을 합법화한다.
에탕프 소요 때 살해당한 시장 시모노의 국장 의식에 참여하기 위해 국회 방청석에서 발언을 한다. 7월 페티옹 의원이 조직한 행렬에도 참가한다.
8월 10일 군주제가 함락되고, 단두대가 작동한다.
이해부터 과격한 산악당과 온건한 지롱드 당이 정치 무대에서 대적하고, 지롱드파는 국회에서 공포정치의 신봉자들인 로베스피에르와 마라를 몰아내고 싶어한다. 11월 5일 로베스피에르가 연설로써 승리를 거두고 여론을 뒤집는다. 올랭프 드 구주는 파리 전역에 로베스피에르에 반대하는 선동적인 글을 게시한다.
12월 루이 16세의 재판이 이뤄진다. 올랭프 드 구주는 왕의 사형을 반대한다.

1793년 루이 16세의 처형이 있기 전인 1월 23일 『뒤무리에의 브뤼셀 입성l'Entreée de Dumouriez à Bruxelles』이 공연된다.
매일 법정에 출석해 로베스피에르의 공포정치 아래 체포된 지롱드 당 친구들의 변호에 개입하고자 한다. 그러나 여성의 정치적 발언과 집회가 전면 금지되자 파리에 점점 더 많은 벽보를 게시한다.
7월 체포되고 감옥으로 이송된다. 11월 2일 법정에 출두해 공소장 낭독을 듣는다. 연방제를 옹호한 그녀의 책자 「세 개의 투표함 또는 조국의 안녕」을 파리 시 성벽에 게시했다는 죄목이었다. 이튿날 혁명 광장의 단두대에서 생을 마감했다.
프랑스의 여성 참정권은 1944년에 이르러 보장된다.